U0061352

簡明香港古代史

周佳榮 著

目錄

附錄

原版序

　　幾千年來的香港歷史，根據政治狀況、社會變遷和文化發展，可以分為古代、近代、現代三個時期，文化史的分期亦大致與此相若。古代香港是中國歷史的一個組成部分，包括遠古時期、秦漢時期、魏晉南北朝時期、隋唐五代時期、宋元時期、明清時期，凡數千年。這六個階段與歷代王朝的興衰息息相關，而又具有香港本地的一些特色。在漫長的歷史發展過程中，此地居民的生活條件逐漸積累下來，社會日益有所進展，從而形成了今日的文化傳統。

　　近代香港始自中英鴉片戰爭（1840－1842年）後，正式來說，是由1842年中英《南京條約》簽訂後開始，但英軍在此之前，即1841年初，已經登陸並強佔香港島。清廷在《南京條約》中「割讓」給英國的，只限於香港島；1860年《北京條約》（又稱《中英續增條約九款》），英國管治香港的範圍擴大到九龍半島界限街以南；1898年中英簽訂的《展拓香港界址專條》，規定英國「租借」新界地區九十九年。

　　歷史因素導致近代香港的形成，出現了區域和時間上的差異。英軍接管新界時，遭到當地人民激烈反抗。1899年元朗錦田吉慶圍居民反抗英軍接管失敗，英軍且將吉慶圍的鐵門掠走。按照這個事實，香港古代史的下限，部分由1842年延伸至1899年，是順理成章的；換言之，十九世紀後期的新界歷史和文化，屬於清代歷史──亦即香港古代史的範圍，因此也在本書要討論的課題之內。

1984 年，中英雙方共同發表《聯合聲明》，宣佈中國於 1997 年 7 月 1 日恢復對香港行使主權，香港成為中華人民共和國的一個特別行政區，除外交、國防事務外，享有高度的自治權；特區政府由香港人組成，經濟模式、社會制度、生活方式及法律基本不變。1997 年 7 月 1 日，香港順利回歸，實行「一國兩制」，由董建華出任第一屆特區行政長官，回歸儀式在香港會議展覽中心舉行。作為歷史時期的近代香港至此結束，1997 年 7 月 1 日是現代香港的起點。

　　以社會生活情況而言，第一期「古代香港」基本上是傳統的漁港和農村社會，在中國文化熏陶下持續演進；第二期「近代香港」基本上是華洋雜處的工商業社會，薈萃中西文化；第三期「現代香港」正處於全球化與本地化雙向互動發展的經濟轉型階段，在「一國兩制」的前提下，作為中國境內以至亞洲太平洋地區的國際都會，又是國際金融中心之一，香港正致力於發展成為一個多元化的先進社會。

　　於此必須指出，有數千年悠久傳統的中國文化，是香港成長的根源和基礎，而且從未中斷；百多年來中西文化交流，是香港迅速發展的原因之一，現代香港的前景，有賴文化傳統與國際視野的互相配合。在二十一世紀的今日強調國際化，尤應重視中國文化；研習香港歷史，需要對古代香港有更多了解。我編撰本書，就是希望更多人對香港歷史與文化有較深層的認識，實事求是，綜觀全局。在社會繁榮、生活安定的日子，應該知所行止；在探索香港前路之時，不至於茫無頭緒；於艱困境況下繼續舉步之際，亦可有所憑藉。今日香港的成就得來不易，是千百年來人們不斷努力的積累，必須好好愛護和珍惜，願以此與讀者共勉。

周佳榮 謹識

2017 年 2 月

新版說明

　　本書初名《香港通史：遠古至清代》，2017 年 7 月第一版第一次印刷，次年 5 月第二次印刷，敍述近代之前香港區內的歷史與文化。內容力求簡明扼要，對新石器時代以來六七千年香港的發展進程作概略式的說明。

　　三聯書店出版部於月前通知，此書第一版即將售罄，擬增訂再版，並改題為《簡明香港古代史》。對此，我深感欣悅，於是通讀全書數遍，做了一些必要的修改，並添寫新的章節，務使此書內容更為全面，為讀者提供較多有用的材料和近年的見解。

　　本書初版共有九章，新版增至十二章，並分為兩個部分，各有六章：〈朝代篇〉依遠古、秦漢、魏晉南北朝、隋唐五代、宋元、明清六個時期敍述香港地區的歷史；〈專題篇〉包括原先〈香港歷代建制和名稱由來〉、〈香港居民和歷代社會經濟〉兩章，〈香港古代以來的宗教和教育〉析為〈香港古代以來的民間信仰〉、〈香港早期的書院和教育〉，並補充了〈華南民系與香港社會發展〉、〈在博物館尋找香港古代史〉兩章。

　　歷來關於香港歷史的著作，大都詳於近現代而忽略古代，以致出現一些誤解，以為香港地區在近代以前只是偏僻的漁農村落。希望此書的編撰和出版，可以為更全面和完整地研究香港提供有用的參考。

周佳榮

2020 年 12 月 24 日

朝代篇

約 6000 年前—前 221 年

Chapter

1

遠古時期

現時我們所說的香港，是指中華人民共和國香港特別行政區，包括香港島、九龍半島、新界（內含二百六十二個離島）。遠古時期這個地區的文化，可以上溯至六千年前甚至七千年前。二十世紀初年以來，在歷史學家和考古學家的努力下，不斷於香港沿海地方發掘出新石器時代的遺蹟和文物，包括海岸岩石上的石刻和各類石器、陶器等。

1991 年，在大嶼山赤鱲角發掘一處新石器時代早期遺址，證明約在六千年前已有人類在香港活動和居住，遺址包括深灣村、虎地灣、蝦螺灣、過路灣。其後又在南丫島掘出一處有五千年歷史的古村落遺址，香港和珠江三角洲地區發現的房屋遺址中，以此處年代最為久遠，保存亦最為完整。[1]

香港地區出土的陶器，有炊煮器和盛食器，紋飾呈現多種形式的幾何形花紋，說明了本區的文化發展，與廣東沿海有密切關係。石器方面，則有各式工具和裝飾物，反映出當時本地的先民，主要依靠狩獵和捕撈海產為生。

香港地區自遠古時期已有人類活動的證據之一，是保留至今的地面遺蹟 —— 摩崖石刻，一般認為，這些石刻是約公元前 1000 年青銅時代的先民留下的。一些考古遺址中的文物，證明香港地區大約在公元前 1500 年已經有青銅器出現。香港出土的玉石禮器，還包括一件先秦時期的重要禮器 —— 牙璋。

總的來說，對於遠古時期的香港文化，我們所知仍然很少；不過，可以肯定地說，根據出土遺存和地面遺蹟，都可以充分證明新石器時代和青銅時代的先民，已經活躍於現時香港這個地區了。從重要的考古遺址，可以看到新石器時代中期以來區內先民的生活情況。（表一）

表一

香港重要考古遺址一覽

遺址	位置	年代
深灣	南丫島	新石器時代中、晚期，青銅時代及歷史時代
大灣	南丫島	新石器時代及青銅時代
萬角咀	大嶼山	新石器時代晚期及青銅時代
東灣	大嶼山石壁	新石器時代，青銅時代及歷史時代
鯆魚灣	長洲	新石器時代晚期，青銅時代及歷史時代
蟹地灣	大嶼山	新石器時代中、晚期及青銅時代
龍鼓灘	屯門	新石器時代中、晚期及歷史時代
龍鼓上灘	屯門	新石器時代中至晚期及歷史時代
春坎灣	香港島	新石器時代中至晚期及唐代

資料出處： 古物古蹟辦事處編《香港考古收穫》（香港：香港政府印務局）。

香港發現的新石器時代遺址

新石器時代先民概況

　　遠在六七千年前，已有人類在香港地區內活動，先民以沙灣海堤為棲身之所，形成一個個的聚落。這些聚落規模不大，房屋可能只用幾條木柱作支架，蓋上樹皮和獸皮而成，或者屬於短暫

居留之用。

　　估計這一時期在香港地區生活的先民，只不過數千人而已。人們忙於捕魚、狩獵或採集野果充飢，以及製造各種工具和武器，例如用來砍伐樹木的石錛、狩獵時使用的箭鏃等，大部分石器都有鋒利的刃部。考古工作者在石器時代遺址發現了石網墜，顯示了漁網的使用，遺址同時出土不少魚骨，說明了人們以捕魚為生。當時的人亦廣泛使用陶器，用來煮食和貯藏食物。早期的夾砂粗陶，大部分拍印繩紋；後期出現的陶器，則拍印一系列不同類型的幾何印紋圖案。

新石器時代中期遺址

　　新石器時代中期，是指距今約五千年至六千年的時期。香港島春坎灣、南丫島深灣、大嶼山蟹地灣等地，總共有十二處，發現了新石器時代中期遺址，年代約由公元前 3500 年至公元前 2000 年。其中一件在深灣發現的陶器，經牛津大學測定年代為公元前 2900 年。石器方面，以打製石器和天然礫石工具佔多數，磨製石器較少，已有石矛和石刀。陶器以夾砂陶居多，亦有泥質陶；多印繩紋，燒成溫度較低，僅五百攝氏度至八百攝氏度左右。

　　位處香港西面和珠江口東側的屯門，唐代以來是中外商旅往還及海防的重要樞紐。二十世紀前期，已有學者在屯門的掃管笏、龍鼓洲、青山灣一帶進行考古調查，發現了不少史前遺物。1976 年《古物及古蹟條例》實施後，古物古蹟辦事處曾主持兩次全港性考古普查，在屯門發現多處重要遺址，出土大量新石器時代、青銅時代，以及歷朝的遺物和遺蹟。單從屯門的考古發掘，

已可明確展示香港擁有六千年的文化遺產。

　　具體地說，屯門的龍鼓洲、龍鼓灘及湧浪等遺址，均有發現新石器時代中期的遺存，顯示先民在沿海的沙堤上活動。遺址曾出土彩陶圈足盤、彩陶罐和細繩紋夾砂陶釜，還有石拍、石錛和石餅等工具，年代可追溯至公元前 4000 年。遺物的特徵與澳門、珠海、深圳、中山、東莞、高要及增城等地的發現相同，表明了珠江三角洲地區的史前文化面貌是一致的。[2]

　　論者認為：「從新石器時代中期，南中國先民已陸續遷徙至香港地區，從事漁獵採集活動，揭開香港歷史的序幕。作為香港最早的定居者，其文化與湖南大溪文化、湯家崗文化有着密切的關係。」[3]

新石器時代晚期遺址

　　新石器時代晚期，是指距今約三千年至四千年的時期。新界涌西灣、南丫島蘆鬚城和榕樹灣、大嶼山石壁等地，總共有十四處，發現有新石器晚期遺址，年代約由公元前 2000 年至公元前 1200 年。在這些遺址中，與打製石器和天然礫石工具相比，磨製石器有所增加，還出現了一些有肩、有段的石器。陶器以幾何印紋圖為主，已有原始陶窯，製陶技術明顯進步，燒成溫度提高到一千攝氏度以上。

　　新石器時代的先民，其活動範圍已不局限於海灣的沙堤，更擴展至山崗和山岬上，並且出現了較大的聚落遺址。拍印幾何形圖案的器皿，是華南地區的典型陶器。石器包括武器和實用工具，顯示當時的先民仍然靠狩獵和捕撈海產為生。遺址中發現大

量環、玦等飾物，及石鉞、石戈等禮器，據此可以推斷，當時的社會組織已較新石器時代前期複雜。從發現的不少柱洞遺蹟，可以推斷當時先民是居住在干欄式的房子內。[4]

屯門湧浪、曾咀、龍鼓灘、龍鼓上灘、龍鼓洲及沙洲等遺址，發現有豐富的新石器時代晚期遺物和遺址。例如龍鼓灘遺址發現數排柱洞，推測是先民的干欄式房屋遺蹟；湧浪遺址發現不少燒灶、柱洞、石器作坊和墓葬等遺蹟，為研究香港史前社會提供了重要資料。屯門的新石器時代晚期遺址，更出土製作精美的石玦和象徵權力的石鉞等，顯示出珠江三角洲的史前文化，與粵北、粵東甚至華南沿岸一帶是有文化交流的。[5]

論者認為：「新石器時代晚期，五嶺南北的先民又大量遷入香港地區。在距今六七千年間，環珠江口一帶已形成以水路為幹線的共同文化網絡，稱為大灣文化，反映了與沿岸海洋生態相適應的一種原始社會形態。近年從湖南高廟、深圳鹹頭嶺和香港深灣等遺址，相繼出土鳳鳥紋飾陶器，說明環珠江口獨特的鳳鳥文化體系，與長江流域的新石器文化有着密切關係。」[6]

香港出土的青銅器和玉石禮器

青銅時代概況

在香港地區的一些考古遺址中，發現了多件精巧的青銅兵器和青銅工具；大嶼山、南丫島出土的青銅器石範（石造的模子），足可證明青銅器曾在本地鑄造。香港的青銅時代，大約相當於商

朝（約前 1600－前 1046 年）中期至秦朝（前 221－前 207 年）。據載，當時中國南方是百越族人聚居的地方，香港出土的青銅器時代遺物，很可能是古越族人留下的。[7] 青銅時代又稱青銅器時代，距今大約三千五百年，是考古學上繼新石器時代和銅石並用時代之後出現的一個階段。這時代使用青銅作為主要原料，用來製造生產工具。青銅是紅銅和錫的合金，呈青灰色；與紅銅比較，青銅的熔點低、硬度高，用於鑄造各種用具和裝飾品都很適宜，因而普遍起來。中國的青銅時代約相當於夏、商和西周時期，在商代已高度發達。

在新界掃管笏、大嶼山萬角咀、南丫島大灣等地發現的青銅時代遺址，總共有三十餘處，年代約由公元前 1000 年至公元前 400 年。出土的青銅器以小件的兵器和工具為多，兵器有戈、匕首、鏃等，工具有斧、魚鈎等，禮器和容器較少，這些青銅器多數是在當地製造。石器的磨製已較為精緻。在萬角咀等地的一些本期墓葬中，用陶器、石器和玉石裝飾品陪葬。青銅時代的陶器，以泥質陶佔主要地位，夾沙陶已大為減少；常見的紋飾中有夔紋，外國學者稱為「雙紋」。製陶使用陶輪，燒製溫度達一千二百攝氏度至一千三百攝氏度，製成的陶質非常堅硬。

早在 1920 年代，學者已在掃管笏採集典型的青銅時代遺物，如夔紋陶片、石鏃及石環芯等器物。近年來，龍鼓灘遺址出土的青銅箭鏃和青銅篾刀，龍鼓上灘遺址出土的夔紋陶、幾何印紋硬陶器和石刀，掃管笏遺址出土的石矛等，都證明青銅時代先民曾在屯門一帶生活。[8] 考古學者指出：「近年，香港春秋階段的遺址出土不少青銅鑄造石範，反映了青銅工藝技術的發展。本地使用

的青銅原料，可能來自廣東及湖南一帶。春秋時期本地環玦飾作坊遺址空前發達，是當時嶺南青銅時代以物易物交貿網成立的重要根據；東南亞人面弓形格青銅劍文化圈的成立，反映自越北至嶺南沿海，包括香港範圍內，在戰國以後，出現了自身特色的青銅文化。」[9]

南丫島的考古發掘

南丫島的考古發掘，包括深灣遺址和大灣遺址。深灣遺址位於南丫島南段深灣，1971 年為香港考古學會發掘。該處有厚達三米多的文化層，由下而上包含了新石器時代、青銅時代、隋唐及明清時期的遺址及墓葬，內容豐富，在香港考古發掘史上佔有重要地位。

香港史前文化的三個時期，都可見於深灣，而各個時期的出土文物，又與廣東大陸上對應的史前文化遺址極為相近。最下面的 F 層（新石器時代中期）與增城金蘭寺貝丘遺址下層文化內涵基本相同；Cb 層（新石器時代晚期）和 Ca 層（青銅時代）的文化內涵，分別與深圳鶴地沙丘遺址下層和中層相若。深灣文化層就像一個歷史年表，展示了香港史前文化的發展過程；而且也表明，香港史前文化與廣東大陸有密切的關係。[10]

大灣遺址位於南丫島大灣。早在 1930 年代，已曾在此發現較為豐富的青銅器、石器和陶器。1990 年 11 月 1 日起，香港中文大學考古隊在此進行了為時一個月的發掘，在遺址第四區域的沙堤上，發現了十座墓葬。其中六號墓內的隨葬品保存較好，共有十九件出土禮器和串飾，包括牙璋、管玉、三角形墜飾及石

環等；在其他一些墓葬出土的，有石矛、錛、青銅斧、削刀、陶器、玦、鑣、鏃等。這些隨葬品顯示了被葬者有較特殊的社會地位，牙璋且與中原先秦牙璋相似。這批出土文物估計距今約兩千年至三千年，墓葬群屬戰國至秦漢時期。墓葬群和玉石質禮器，是華南地區沙丘遺址的首次發現。

大嶼山的考古發掘

大嶼山的考古發掘，包括東灣遺址和扒頭鼓遺址等。東灣遺址位於大嶼山的西南部，在石壁的東面海灣岸邊，三面環山，前面是一個深入的袋形海灣，東南面是一大片沼澤地，有小溪從山澗流出，是一個非常適宜古代人類生活的地方。1987 年至 1989 年間，考古人員在這裏發現了新石器時代文化層，印證了東灣遺址礫層上部的石器群與東南中國的石器傳統有密切的關係，是目前所知香港地區最古老的文化，估計年代在距今六千年以前。考古學者進而指出，東灣文化的陶器群是東南亞南部新石器時代陶系的一環，以圜底器和器蓋為特色，不含三足器，器形簡單，代表中國南海沿岸五千五百年前一個別具特色的新石器文化。[11]

扒頭鼓遺址位於大嶼山東北隅，坐落在東南方向延伸入海的岬角臺地上，三面環海，形成一種具有特色的山崗遺址。臺地西南邊有一南向海灣，有溪水流入海中，提供人類食水的泉源，是古代人類生活聚居的良好地點。1992 年，考古人員在臺地上頂部發現二十多座房子的遺蹟，及大量遺留在房子內的生活工具，屬於中國新石器時代建築的一種新類型。[12]

概括地說，香港地區位於中國東南沿海珠江口岸東部，大

嶼山和香港島是中國沿海島嶼中有數的大島，香港地區的考古工作，是中國東南沿海特別是島嶼考古工作一個重要的環節。

香港出土的玉石禮器

1990 年，香港中文大學考古藝術中心與廣州大學的考古工作者，在南丫島大灣遺址發現了兩千多年前以玉石禮器殉葬的古墓，並且掘出一件牙璋，年代大約是戰國時期（前 475－前 221 年）至漢代（前 202－220 年），也有可能是更早的商代文物。牙璋是先秦時期一種重要的禮玉，是貴族在舉行朝聘、祭祀、喪葬時所用的禮器。在南中國地區，這是現時唯一經科學考古發掘出土的牙璋；即使在全中國範圍內，其發現也不多。

香港出土的玉石禮器，證明了這個地區的遠古文化與中原華夏文化有密切的關係，而且一脈相承，可以見到來自北面文明的強烈影響。考古學者指出，商代玉禮器牙璋在香港地區出現，「是嶺南古王國側面的折射」。[13] 自秦漢時期（前 221－220 年）開始，有較翔實的文獻記載可供稽考，香港古來的歷史文化進展情況便更具體詳明了。

香港所見的石圓環和摩崖石刻

大嶼山的石圓環和石刻

大嶼山分流有一組未經琢磨的石塊，似是刻意堆疊，形成一個橢圓形結構，長二點七米，寬一點七米。因石塊排列有序，正

好說明是人工砌築而成的遺蹟。新石器時代晚期及青銅時代早期文化特徵之一，是用大塊石頭埋疊成形形色色的結構。大嶼山分流的石圓環，很可能屬於這類結構；香港出土新石器時代和青銅時代的文物十分豐富，石圓環的發現並非偶然。至於埋疊石圓環的目的，大抵與祭祀儀式有關，時至今日，已無法稽考了。

香港大多數古代石刻都瀕臨海濱，大嶼山石壁石刻卻離開海岸約三百米，相信昔日此處是海邊，其後由於海岸變遷，始成今日的地貌，變為離開海岸。石壁的石刻高約六十厘米，闊約四十厘米，紋飾由正方形及圓形幾何紋構成，與古代青銅器上的圖案極為相似。因此可以推斷，石刻的年代大約是在青銅時代，即約三千年前，由該地區一帶的先民所刻鑿。

蒲台島和長洲的石刻

一直以來，漁民都流傳說蒲台島上有數組石刻。1960 年代終於在該島的南端發現，由一條闊七十厘米的石縫隔開，分為左右兩組，紋飾各異，左邊的一組狀似動物和魚，右邊的一組則由螺旋紋連結組成。一組高約一百三十厘米，闊約五十厘米；另一組高約九十厘米，闊約四十五厘米。

1970 年，有一位地質學家發現了長洲石刻，位置是在連島沙洲的東南部，即現今華威酒店對下。石刻的面積約五十平方厘米，有兩組紋飾，均由數條曲線環繞着小凹槽構成；其中一組紋飾在發現時尚未完全暴露，經清理泥土後方展現全貌。石刻的紋飾與古代青銅器或同時期陶器上的紋飾相類似，故此可以推斷，其刻鑿的年代或為青銅器時代，距今約有三千年之久。[14]

西貢發現的幾組石刻

西貢東龍洲石刻，是香港地區最早有文獻記載的石刻。王崇熙於 1819 年（嘉慶二十四年）編製的《新安縣志》中，就有這樣的記錄：「石壁畫龍，在佛堂門，有龍形刻於石側。」石刻高約一點八米，長約二點四米，是現時香港境內所知最大的石刻。石刻由兩組曲線圖案組成，較香港地區其他石刻圖案複雜。

1976 年，滘西洲亦發現石刻，該石刻位於滘西洲西北岸，幾無陸路可以通達。石刻上的紋飾飽經風雨侵蝕，尤以石刻下半部為甚，如果仔細觀察，仍依稀可見獸形紋樣。石刻離開最高水位約兩米，就同類型石刻的位置而言，這是一個頗低的位置。

1978 年，一群旅行人士發現了西貢龍蝦灣石刻。紋飾刻於一塊向東的岩石面上，因久經風雨侵蝕，已極其模糊。紋飾呈幾何形，部分狀似鳥獸。但有些學者認為，這些紋飾純因天然侵蝕所致，並非人工鑿成，爭論至今仍未解決。無論如何，西貢龍蝦灣已公告為法定古蹟，加以保護，確保能夠持續研究下去。

香港島上發現的石刻

1970 年，有一個警務人員發現了南區大浪灣石刻，面積約九十厘米乘一百八十厘米，紋飾為幾何圖紋及抽象的鳥獸紋。此石刻與香港地區內大部分的石刻一樣，都是位於臨海的石崖上。早期居民多以海為生，在海濱刻石，相信有鎮撫怒海、護佑航海人士的意思。

南區黃竹坑石刻，位於黃竹坑一條小溪旁邊。石上有三組明顯的迴旋紋，狀似動物眼睛，風格與其他石刻相若，尤其接近長

洲和蒲台石刻。香港地區的石刻多分佈於海濱地區，黃竹坑石刻則深入內陸約一公里，但下面有小溪流經，仍可算是臨近水邊。

列為法定古蹟的石刻

總的來說，香港沿海一帶發現的幾處古代石刻，無論是在離島、新界或港島，風格都十分相近，紋飾基本呈幾何形，隱約可見人物或鳥獸圖案。確定石刻的刻鑿年代、原因和方法，以及出自何人之手，殊非易事，但從風化情況推測，石刻的年代應該十分久遠。上述的石圓環和石刻，均已列為香港法定古蹟。[15] 香港地區八處石刻包括：（一）港島大浪灣石刻；（二）港島黃竹坑石刻；（三）西貢龍蝦灣石刻；（四）西貢滘西洲石刻；（五）東龍洲石刻；（六）大嶼山石壁石刻；（七）蒲台石刻；（八）長洲石刻。值得注意的是，幾處石刻的前面，都有頗為寬闊的石臺階，可能是舉行祭祀儀式的地方。[16] 學者認為，這些三千年前或更久遠的石刻，應有宗教方面的特殊意義，甚至與古代的圖騰崇拜有關。[17]

總括而言，香港石刻圖紋可以歸納為雲雷紋、饕餮紋、蟠螭紋三類：（一）雲雷紋，是指圖紋呈圓弧形捲曲或方折的迴旋紋理，如蒲台島、石壁、長洲及滘西洲的石刻，充分反映華南地區先民對雲雷的崇拜；（二）饕餮紋，是指狀似獸面的紋飾，石澳大浪灣和黃竹坑等地的古石刻即屬此類，大概先民是想藉着兇猛的怪獸圖像，用來對抗和鎮伏海上的兇險及災患；（三）蟠螭紋，是指類似龍形的圖案，東龍洲古石刻即屬此類，在中國傳統民俗文化中，龍神司掌天候風雨，大抵與先民祈求航海安全、漁穫豐盛有關。此外，蛇首、鳥形等圖案亦是常見的石刻紋飾。學者認

為，這些應是以捕魚為生的先民土著所崇拜的神祇或圖騰。[18]

香港有舊石器時代遺址嗎？

舊石器時代晚期說

2006 年初，考古學家在西貢深涌黃地峒發現了一個「石器製造場」，面積達八千平方米，有六千多件文物，以中大型石器為主，認為是舊石器時代晚期遺址。

經年代測定，顯示該遺址距今三萬五千年至三萬九千年，從而使香港地區的人類活動歷史，推至三萬年前。

新石器時代早期說

有一些考古學家對上述說法抱懷疑態度，根據年代測定問題及出土石器的打製技術分析，認為遺址應該屬於七千年前的新石器時代早期。

無論如何，黃地峒遺址的年代都比香港地區已知的新石器時代中期遺址為早；該遺址究竟屬於哪個時代，還有待進一步的研究和證實。

註釋

1　周佳榮〈導論：香港歷史發展概述〉，周佳榮、侯勵英、陳月媚主編《閱讀香港：新時代的文化穿梭》（香港：香港教育圖書公司，2007 年），頁 3。

2　古物古蹟辦事處編《屯門近年考古發現》（香港：康樂及文化事務署，2007年）。

3　王國華主編《香港文化發展史》，王國華〈緒論〉（香港：中華書局〔香港〕有限公司，2014 年），頁 3。

4　《香港文物六千年歷史年代表》，〈新石器時代晚期〉（香港：古物古蹟辦事處、香港旅遊協會，1999 年）。

5　古物古蹟辦事處編《屯門近年考古發現》。

6　王國華主編《香港文化發展史》，王國華〈緒論〉，頁 3。

7　《香港文物六千年歷史年代表》，〈青銅器時代〉。

8　古物古蹟辦事處編《屯門近年考古發現》。

9　鄧聰〈青銅時代的香港文化〉，王國華主編《香港文化發展史》，頁 68。

10　湯開建、蕭國健、陳佳榮主編《香港 6000 年（遠古至一九九七）》（香港：麒麟書業有限公司，1998 年），頁 3。

11　鄧聰〈考古學與香港古代史重建〉，周佳榮、劉詠聰主編《當代香港史學研究》（香港：三聯書店〔香港〕有限公司，1994 年），頁 314－319。

12　同上，頁 322－324。

13　鄧聰〈青銅時代的香港文化〉，王國華主編《香港文化發展史》，頁 68－69。

14　《香港離島區風物志》（香港：離島區議會，2007 年），頁 127。

15　網址：http://www.amo.gov.hk/b5/monuments.php。

16　古物古蹟辦事處編《古代石刻》（香港：康樂及文化事務署，2010 年）。

17　《香港離島區風物志》，頁 146。

18　香港史學會編著《文物古蹟中的香港史 I》（香港：中華書局〔香港〕有限公司，2014 年），頁 7－9。

前 221 — 220 年

Chapter

2

秦漢時期

秦朝（前 221－前 207 年）是中國歷史上第一個中央集權王朝，曾推行許多有利於統一和加強統治的政策與措施，共歷二世，統治全國僅十五年。秦是東亞地區最早的大帝國，今日西方語文稱中國為 China 或 Chine，便是來自「秦」字的轉音，可見秦對後世的影響是很大的。秦統一全國以前的歷史階段，就是「先秦時期」。當時的史書，把周代以前香港、九龍、新界這一帶統稱為「揚州所掩地」，《禹貢》「淮海維揚州」說：「揚州地域，北至淮水，東與南至海。」換言之，香港一帶，正是淮水以南至於海的區域。[1]

　　漢高祖劉邦（前 256 或前 247－前 195 年）建立的漢朝（前 202－220 年），分為西漢和東漢兩個時期。西漢（前 202－8 年）又稱前漢，建都長安（今陝西西安），是中國歷史上強大的王朝，疆域東、南至海，西到巴爾喀什湖、費爾干納盆地、蔥嶺，西南至雲南、廣西以及越南的北部和中部，北到大漠，東北伸延至朝鮮半島北部。漢武帝劉徹（前 156－前 87 年）在位時，漢帝國成為亞洲最富強和繁榮的國家，並與亞洲各國建立了經濟、文化上的密切聯繫，世界上著名的中西交通大動脈「絲綢之路」就是在這時開拓的。

　　公元 8 年，外戚王莽（前 45－23 年）篡漢稱帝，國號新，西漢滅亡。公元 23 年，新莽為綠林兵所滅。西漢遠支皇族劉秀（前 6－57 年）重建漢朝，是為漢光武帝，建都洛陽，史稱東漢（25－220 年），亦稱後漢，但國力已不及西漢了。東漢末年，州郡割據，逐漸形成幾個較大的割據勢力，其中以袁紹（？－202 年）和曹操（155－220 年）最為強大。公元 200 年官渡之戰後，袁紹

病死，曹操基本上統一了中國北方，下開三國鼎立的局面。

　　香港僅有的漢代建築遺蹟，是李鄭屋漢墓，屬東漢中期的衣冠塚，距今約一千八百年；也有人認為此墓屬於某些將軍，也可能是墓中物品被盜墓者搬走。香港地區最早的漢代遺物，是南丫島洪聖爺灣及大灣海灘出土的文物。[2]

秦朝和南越國管治下的香港

香港地區納入秦代版圖

　　公元前 221 年，秦滅齊，統一全國，秦王嬴政（前 259－前 210 年）改稱始皇帝（後世稱為秦始皇），建都於咸陽。秦朝建立中央集權式的統治，不採用以前分封諸侯的制度，改置郡縣，把天下分為三十六郡，後來逐漸增加，達四十餘郡；郡下設縣，郡、縣的長官都由皇帝任免和調動。

　　公元前 214 年（始皇帝三十三年），秦始皇派尉屠睢率軍平定南越（今廣東、廣西），設南海郡、桂林郡、象郡。《史記》中有這樣的敘述：「發諸嘗逋亡人、贅婿、賈人略取陸梁地，為桂林、象郡、南海，以適遣戍。」[3] 現在廣東全省除西南部分外，都是南海郡管轄的範圍，香港地區屬南海郡番禺縣管轄。換言之，香港地區是在秦始皇統一全國後七年正式納入秦朝版圖的。古代稱東南沿海地區為「百越」，稱這地區的居民為「越人」，「百越人」是對各類越人的總稱，香港遠古的居民可能有部分是「百越人」。從此，珠江三角洲的古越人就正式劃入中華民族統一的

大帝國之內。

秦二世胡亥（前 230－前 207 年）在位時，即公元前 209 年至前 207 年，遣送一萬五千名沒有丈夫的女子到番禺，給南海郡尉趙佗的駐軍將士做妻子。這是歷史上一次有組織的大規模移民，並且有助於繁衍子孫後代。

香港地區在南越國管治範圍

秦末，南海郡尉任囂病逝。龍川縣令趙佗（？－前 137 年）趁機佔據嶺南三個郡，以番禺為首都，建立南越國，自稱南粵王（一說南越武王）。其地即為今日廣東、廣西兩省及安南，當時香港地區亦受南越國管治。趙佗為真定（今河北省正定）人，西漢初受封為南越王；三傳至趙興，為漢武帝派軍所平。南越國由建立至公元前 111 年（元鼎六年）滅亡，前後九十三年。此後的香港地區，復歸番禺縣管治。

大概由於秦朝國祚只有十五年，香港至今沒有發現秦代遺物。南越國時期遺存，只在大嶼山北部的白芒發現。白芒在大濠灣西側，海灘北向，東側有岬角，前有沙堤，沙堤與坡積連接，背後三面環山，左右兩條小溪流入海內，環境相當優美，適宜人類生活居住，出土文物屬於西漢初期。

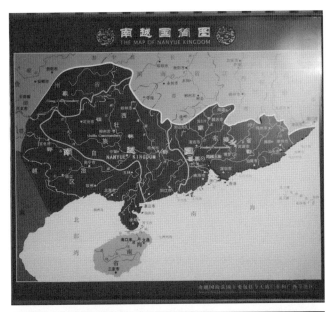

上圖 —— 南越王墓博物館中的「南越國簡圖」

下圖 —— 南越王墓出土的金縷玉衣，後經修復。

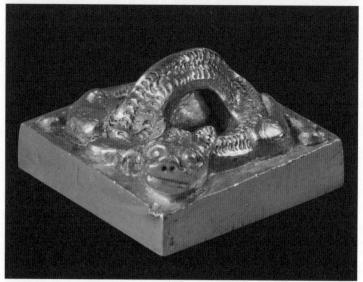

上圖 ── 南越王趙眜棺槨（複製品）
下圖 ── 南越王趙眜的「行璽金印」

兩漢時期香港的歷史與文化

香港地區的漢代遺址

在秦漢時期，朝廷揮軍南征平亂，致使南方新移民不斷增加，並對原居民產生影響。香港區內掘到漢代錢幣，可為明證；近年在大嶼山還發現大量層次排列整齊的漢代遺物，包括各類陶瓷器皿和鐵器。早在漢代，已有屯兵駐守香港地區。1933 年，在南丫島大灣遺址發現了不少兵器，包括三個鐵鏈銅鑼，這是西漢時期的重要兵器。在中國內陸較少發現，在邊疆地區如朝鮮、新疆等地多有出土，可見這種兵器多配備於邊防和遠征的軍隊，相信是屯兵所遺留，不會是臣民之物。1992 年，考古人員在大嶼山白芒遺址進行發掘，發現漢代的鐵斧、鐵鍋等生產工具，一般農民不易擁有，應是駐軍之物，同時亦發現數面鐵鏈銅鑼。[4]

香港地區至今已發現的漢代遺址，有馬灣東灣仔、大嶼山竹篙灣、屯門龍鼓上灘、西貢滘西洲，及位於九龍市區內的李鄭屋東漢墓。[5] 龍鼓上灘和掃管笏遺址，均出土典型的漢代戳印紋陶罐；2000 年在掃管笏遺址發現的漢代灰坑，藏有半兩和五銖錢合共超過一百枚，還有竹蓆和麻布殘片附於銅錢堆內，尤其珍貴。[6]

1992 年，考古人員在大嶼山礍石灣發現一塊東漢銅鏡殘片，可看出鳳鳥紋飾和一個「官」字銘文，是東漢晚期的八葉夔鳳紋鏡，完整的銘文應該是「君宜高官」。[7] 從採集到的文化遺物得知，礍石灣有史前、東漢、宋元等時期的文化遺存。

根據最近的統計，香港地區迄今發現漢代遺物地點有十六處。這些遺址的地理環境，一般位處背山面海的沙堤或平緩山

崗；出土東漢陶器的地點有十一處，沿海岸線分佈泛舟交通便利，而且與西漢遺址分佈有其延續性。[8]

西漢時期的香港

漢高祖劉邦滅秦後，對位處邊陲地區的南越國採取安撫措施，命陸賈出使南越，封趙佗為南越王。漢高祖去世後，趙佗又獨立稱帝，漢廷多次討伐未果。漢文帝在位時，派使節攜財物進行安撫，趙佗才免除帝號，歸順漢朝。趙佗死後，其部下呂嘉（？－前 111 年）殺漢使而獨立。[9]

漢武帝劉徹（前 156－前 87 年）在位時，在番禺設鹽官，駐南頭；古代香港盛產海鹽，區內的鹽場亦歸其管轄。公元前 112 至前 111 年（元鼎五年至六年），因南越丞相呂嘉舉兵反漢，漢武帝於是派伏波將軍路博德率軍南下，破番禺，滅南越，分設七郡，後來改為九郡。香港地區屬南海郡博羅縣，此建制一直延續至東漢以及三國末年。

香港的東漢古墓

1955 年，港英政府在九龍深水埗興建李鄭屋村徙置區，8 月 9 日，建築工人於夷平山坡時，無意中發現一座磚室古墓。香港大學中文系系主任林仰山（F. S. Drake）教授隨即率領該校師生及工務局人員進行發掘，後來鑒定是東漢中期的墓葬，距今約一千八百年，命名為「李鄭屋漢墓」。古墓原本位於瀕海地區，由於近代曾經多次填海，現距海岸已達數百米。古墓的保存基本上完整，平面呈十字形，內面分為五個部分，即墓道、前室、後

室及左、右耳室，全長約八米，寬十米。前室在正中央，底部是方形，頂部為穹窿頂；其餘三個墓室底部都是長方形，頂部則為單券頂；羨道是墓室的入口通道，在發現時已毀壞，當時封墓的情形，因而無法了解。

李鄭屋漢墓的墓磚平均長四十厘米、闊二十厘米、厚五厘米，多為素面，少數磚塊側面留有模印或刻印的文字，如「大吉番禺」、「番禺大治曆」及「薛師」等；花紋則以菱形和輪形構成的圖案為主，亦有簡化的動物形象圖案。出土的遺物共五十八件，包括陶器、陶製模型、銅鏡等，計有罐、鼎、尊、卮、豆、壺等陶器二十七件，井、灶、倉、屋等陶製模型七件，陶器蓋十四件，銅鏡、銅洗、銅鈴等其他器物八件。墓內並沒有發現人骨。古墓主人可能是當地的一個鹽官，有相當社會地位。[10]古墓後來被闢作李鄭屋漢墓博物館，1988 年被列為香港法定古蹟。2005 年為李鄭屋漢墓發現五十週年，博物館進行了一系列翻新工程，包括重新裝修展覽廳、更新展覽，以及為加強保護漢墓而展開的天幕蓋建工程。李鄭屋漢墓博物館地址在九龍深水埗東京街，內有兩個展廳，參觀者還可以在漢墓的羨道入口，透過玻璃觀看這座東漢磚墓室。[11]

從古墓結構到出土陶器，基本上均與華南地區的東漢墓相同。結構方面，十字形穹窿頂漢墓在東漢相當流行；器物方面，陶鼎、陶溫酒尊、陶魁、陶卮等都是漢代民間常用的陶器。屋、倉、井、灶一套四件的陶製模型，更是東漢時期陪葬品的常見組合。墓磚的銘文也是有力的佐證，首先，「番禺」是漢代香港所屬縣名；其次，銘文的字體除了刻劃的「六十四」外，都是較方

正的隸書，即漢代金石銘文常用的字體。廣州在漢時是南方最大的城市，至今已發現逾千座漢墓。當時海上絲綢之路已開闢，促進了貿易活動和文化交流，漢代遺址的發現，證明王朝的統治深入達於華南各地。

李鄭屋漢墓，距今約一千八百年。

註釋

1　衛挺生、陳立峰合編《香港歷史》（香港：世界書局，1953 年），頁 1。

2　香港史學會編著《文物古蹟中的香港史 I》（香港：中華書局〔香港〕有限公司，2014 年），頁 13－18。

3　司馬遷《史記》，卷六，〈秦始皇本紀〉。

4　《香港離島區風物志》，頁 70－71。

5　《香港文物六千年歷史年代表》，〈秦、越南國、漢〉。

6　古物古蹟辦事處編《屯門近年考古發現》。

7　《香港離島區風物志》，頁 79。

8　鄧聰〈秦漢至明清時期的香港文化〉，王國華主編《香港文化發展史》，頁 109。

9　許錫揮、陳麗君、朱德新著《香港簡史（1840－1997）》（廣州：廣東人民出版社，2015 年），頁 1－2。

10　這是據羅香林教授的推測。遠古漢武帝推行鹽鐵官營政策之時，曾於番禺設有鹽官督管。本區域以產鹽著稱，西自新田以至屯門等地，東自沙頭角以至九龍灣沿岸各地的鹽業，均為鹽官所統轄。參王齊樂著《香港中文教育發展史》（香港：波文書局，1982 年），頁 27。

11　《李鄭屋漢墓》（香港：香港歷史博物館，2005 年），頁 16。

220 — 589 年

Chapter

魏晉南北朝時期

繼東漢之後，中國歷史上出現了魏（曹魏）、蜀（蜀漢）、吳（東吳）三國鼎立的局面。三國時期從公元 220 年魏文帝曹丕（187－226 年）代漢稱帝起，也有把公元 208 年赤壁之戰以後至公元 220 年的十幾年間劃入三國時期的。

公元 221 年，劉備（161－223 年）在成都稱帝，國號漢，史稱蜀或蜀漢。公元 222 年，孫權（182－252 年）在建業（今江蘇南京）稱吳王，公元 229 年稱帝，歷史上稱吳為孫吳或東吳。吳國佔有今長江中下游，南至福建、兩廣地區及越南的北部和中部。當時的香港地區，是在吳國境內。

公元 263 年，蜀為魏所滅。公元 265 年，晉武帝司馬炎（236－290 年）代魏稱帝，國號晉，史稱西晉。公元 280 年滅吳，統一全國。至公元 316 年，西晉被匈奴貴族建立的漢國所滅；翌年晉元帝司馬睿（276－322 年）在南方重建晉朝，史稱東晉。

從公元 420 年東晉滅亡，到公元 589 年隋朝統一，中國歷史上出現了南北兩個政治中心，形成南北朝對峙的局面，持續了一百七十年，史稱南北朝。南朝從宋武帝劉裕（363－422 年）代晉開始，經歷了宋、齊、梁、陳四代。南朝一直以建康（今江蘇南京）為國都，只能控制長江下游一帶，邊境重鎮的鎮將，掌握了統轄地區的軍政大權。

魏晉時期的香港

三國東吳時的香港

三國東吳的時候，於公元 228 年（黃武七年）割南海、蒼梧、鬱林、高涼四郡，別置廣州，派刺史管理州務。當時的香港地區，是在廣州刺史治下。公元 266 年（甘露二年），番禺地區設置司鹽都尉，監管珠江口東部的鹽場，稱為「東官場」。從東吳（222－280 年）至東晉（318－420 年），中國北方在這二百年間長期處於動亂狀態，南方則相對穩定，中原大族紛紛向南遷移。香港境內，在大嶼山白芒發現了晉代遺存。

東晉時的香港

東晉時，晉成帝司馬衍（321－342 年）於公元 331 年（咸和六年）將南海郡境內東南部部分的縣劃出，成立東官郡（又稱東莞郡），下轄寶安、安懷、興寧、海豐、海安、欣樂六個縣，郡治（即郡府）設於寶安縣。寶安縣的名稱，來源於境內有一座山名為「寶山」；東官縣的治所和寶安縣的治所均設在寶安縣境內的南頭。東官郡統轄今惠陽、潮州和珠江三角洲一帶，包括香港地區在內。這是香港地區隸屬寶安縣之始，這建制經歷了南朝的宋、齊、梁、陳四朝，中經隋朝，一直持續到唐代，於公元 757 年（至德二年）改寶安縣為東莞縣為止。[1]

東晉末年，河北人盧循（？－411 年）起兵反晉，失敗後率部眾二萬餘人渡海佔廣州，稱「平南將軍」。七年後又為東晉將領劉裕（即南朝宋武帝）所敗，於公元 411 年投水而死，餘部大

多逃到香港的大嶼山定居，所以該地亦名「盧亭」或「盧餘」。這些人一般都居住在水上，以舟楫為家，靠捕魚為生。隨着時光流逝，他們便逐漸被越人同化了。

明末清初「嶺南三大家」之一的詩人屈大均（1630－1696年），曾撰《盧亭詩》描繪大嶼山的「盧亭」人，從中獲悉他們仍過着準野人式的生活，詩中說：「綠毛遍身只留面，半遮人體松皮青。」他們「生食諸魚不煙火」，「乃是魚人山上居，編茅作屋數千百，海上漁村多不如」。自古以來，越人剪髮紋身，以象龍子，為避水神；雖為蠻夷，但能報仇雪恥，遠勝中原峨冠博帶之輩，紛紛投降滿清。故曰：「自古越人象龍子，入江繡面兼文身；覥然人面能雪恥，差勝中州冠帶倫。」

南北朝時期的香港

南朝宋時的香港

南朝（420－589年）歷代君主多崇尚佛法，相傳宋（420－479年）的時候，北方有一位高僧，因經常乘大木杯渡河渡海，得名杯渡禪師。他在公元428年南遊，居留於屯門青山一帶，留下了一些傳說，後人為了紀念杯渡禪師，在屯門山腰建杯渡庵，到了宋代重建時，改名青山禪院。[2] 時至今日，「杯渡仙蹤」和「青山禪院」就是其中兩處名勝古蹟。相傳杯渡禪師與另一位梵僧耆域結伴來港，隨緣弘教。當時有本地鄉民鄭氏兄弟出家修行，法號元朗、道朗，並與禪師友好，同遊屯門高山。元朗於大帽山一帶弘

法，後世遂以元朗為地名；道朗則遊化華北，於山東泰山附近開荒，草創白馬寺，頗有法緣，鄉民更以道朗鎮為名，以作紀念。[3]青山又名普渡山或杯渡山，青山禪院又名普渡寺、杯渡寺等，院內有杯渡禪師石像，都與這個傳說有關。寺門兩旁有一副對聯，寫着：「十里松杉藏古寺，百重雲水繞青山。」「杯渡仙踪」被譽為新安縣八景之首。不過，也有人說，杯渡禪師本為印度高僧，他可能是在遍遊中國之後，經屯門返回印度。這反映了當時海上交通發達，屯門已是中國南方一個中外海上交通要地。

普渡寺的歷史，可能比這更早。相傳東晉隆安年間（397－401 年），南越人鄭某剃度出家，在屯門建普渡寺，是普渡山名稱的由來。杯渡山是因劉宋時杯渡禪師居此而得名，原俗稱洋坑山；唐稱屯門山，五代南宋稱瑞應山。王崇熙的《新安縣志》卷二十一〈人物志〉說：「杯渡禪師，不知姓名，嘗乘木杯渡水，因而為號。遊止靡定，不修細行，神力卓越，人莫測其由。……云當往交廣之交，遂以木杯渡海，憩邑屯門山，後人因名曰杯渡山。」北宋蔣之奇，曾知廣州軍，嘗親至屯門，並作《杯渡山詩》一首。據此可知，杯渡山之名在北宋已有。靈渡寺內有杯渡禪師開鑿的泉井，稱為杯渡井。

普渡寺創建以後，曾多次易名，包括斗姆宮、杯渡寺、杯渡庵、青雲觀等，訴說着一千五百年來在不同時代的經歷。青山禪院建築工程至 1930 年才告完成，內有杯渡禪師像。

南朝梁時的香港

南朝梁武帝蕭衍（464－549 年）將東官郡改名為「東莞郡」，

據說此地在廣州的東方，又出產織蓆用的莞草，因而得名。其後隋朝（581－618 年）於公元 589 年（開皇九年）撤銷東莞郡，其地歸入南海郡，寶安縣轄地改屬廣州府南海郡管轄，香港仍屬寶安縣轄地不變。[4]

青山禪院的青雲觀

註釋

1　《香江歷程》（香港：香港文史出版社，2007 年），頁 25。

2　《香港文物六千年歷史年代表》，〈六朝、隋、唐代、五代〉。

3　香港史學會編著《文物古蹟中的香港史 I》，頁 23。

4　許錫揮、陳麗君、朱德新著《香港簡史（1840－1997）》，頁 2。

581 — 960 年

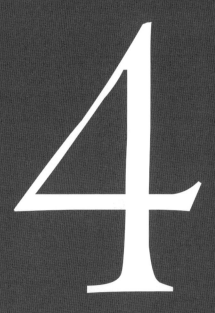

Chapter

4

隋唐五代
時期

梁簡文帝蕭綱（503-551年）於公元550年（大寶元年）在屯門設鎮，派兵把守，該處已是中外商船復返所經之地。屯門又稱「圍門」、「段門」，位於珠江口外，地勢險要，三面環山，是天然的避風港，在唐宋時期的地位就更加重要了。

公元581年，隋文帝楊堅（541-604年）代北周稱帝，國號隋；公元589年（開皇九年）滅陳，統一全國，結束了魏晉南北朝分裂的局面。隋代疆域，東、南到海，西到今新疆東部，西南至雲南、廣西和越南的北部，北到大漠，東北達於遼河。

公元618年，唐高祖李淵（566-635年）在關中稱帝，國號唐，建都長安（今陝西西安）。唐代前期國勢強盛，在當時是世界上最強大的國家，疆域初年與隋相同，七世紀後半葉極盛時，北界包有貝加爾湖和葉尼塞河上游，西北到達裏海，東北到達日本海。其後時有變動，安史之亂（755-763年）後喪失過半。

公元907年，後梁太祖朱全忠（又名朱溫，852-912年）滅唐稱帝，國號梁（史稱後梁），佔有中國北方大部分地區。後梁連同此後相繼出現的後唐、後晉、後漢、後周，合稱五代。與此同時，中國南方和山西地區，先後出現了吳、南唐、吳越、楚、閩、南漢、前蜀、後蜀、荊南（即南平）、北漢等國，稱為十國。五代十國時期是唐末藩鎮割據的延續，各個割據政權彼此混戰，人民生活陷於水深火熱之中，十分痛苦。

隋唐時期的香港

隋代的香港

東晉時，今日香港地區隸屬東莞郡寶安縣。隋文帝精簡地方架構，由州、郡、縣三級改為州、縣兩級制，因此於公元589年（一說590年）撤銷東莞郡，香港仍隸寶安縣。隋朝（581－618年）國祚短暫，只有三十七年。不過在香港境內，南丫島深灣、赤鱲角虎地灣、東涌沙咀頭，都發現了隋代的青釉六系罐。

唐代派軍駐守屯門

唐朝（618－907年）是中國歷史上的盛世，有不少外國人到來；朝廷在廣州設市舶使院，管理海外貿易。南方經濟發展迅速，寶安縣境內的屯門港是中外海上交通的重地。屯門在現時新界青山下，外國人入廣州，須先經此地，所以屯門在唐代已經成為名鎮。史學家羅香林在論到屯門的歷史地位時指出：

> 新界青山之屯門灣，即為唐宋時代之廣州外港，中外海舶，多經行或下碇其處。蓋以其接連廣州海港，而前有大嶼山為其屏障，宜於避風。香港島則在其東南，亦儼然為海門拱衛。唯外舶入華與粵舶出海，皆須取道於此。[1]

《新唐書》卷四十三上〈地理志〉：「〔廣州〕有府二：曰綏南、番禺，有經略軍，屯門鎮兵。」唐玄宗李隆基（685－762年）於公元736年（開元二十四年）在這裏設置軍鎮，派駐軍隊兩千人，

宋翰林學士歐陽修撰

志第三十三上

地理志

嶺南道蓋古揚州之南境漢南海鬱林蒼梧珠崖儋耳交趾合浦九真日南等

郡韶廣康端封梧藤雷崖以東為星紀分桂柳鬱林富昭蒙襄繡容白羅而

西及安南為鶉尾分為州七十有三都護府一縣三百一十四其名山黃嶺靈

洲其大川桂鬱厥賦蕉紵落麻厥貢金銀孔翠犀象綵藤竹布

廣州南海郡中都督府土貢銀藤簞竹席荔支鼊甲蚺蛇膽石斛沈香甲

香詹糖香戶四萬二千二百三十五口二十二萬一千五百縣十三 有府二曰番禺上

增城中 四會中武德五年以四會化蒙二縣隸南綏州南綏州山在蒙水中番禺上

屯門鎮兵 南海四有南海祠山峻水深民不井汲有赤崖紫石二縣南綏州之懷集析置齊州招化之化蒙

有經略軍 化之八年更名嶺州十三年州廢省安來屬化蒙穴中有鈆懷集置中興平齊懷威成三州并析貞

唐書 卷四十三上 地理志

中華書局聚

《新唐書》卷四十三上〈地理志〉關於「屯門鎮兵」的記載

保護海上貿易，及防禦海寇。屯門有「屯兵之門」的意思，由安南都護府管轄。天寶年間（742－756 年），浙江海盜吳令光為患，南海太守劉巨麟派遣屯門駐軍北上平定亂事。

公元 819 年（元和十四年），大文豪韓愈（768－824 年）因諫迎佛骨被唐憲宗李純（778－820 年）貶為潮州刺史。相傳他從長安（今陝西西安）經廣州循水路去潮州赴任途中，曾於屯門山逗留，在《贈別元十八協律六首》中，有描述屯門的詩：

峽山逢颶風，雷電助撞捽。

乘潮簸扶胥，近岸指一髮。

兩岩雖云牢，木石互飛發。

屯門雖云高，亦映波浪沒。

峽山在今清遠市，中貫江流；兩岩或指虎門兩山，屯門即屯門山，又稱青山，唐時為廣州外港。唐代另一位詩人劉禹錫（772－842 年）在《踏潮歌》中，亦有關於屯門的詩篇，寫潮未盡退之際，颶風作而潮又至，波濤溢岸，淹沒房舍，謂之「踏潮」。開頭兩句云：「屯門積日無回飆，滄波不歸成踏潮。」可見屯門在唐代已有一定的名聲，始能成為文人雅士吟詠的景點。[2] 其實劉禹錫沒有到過屯門，他的描述是得自友人轉告。

改寶安縣為東莞縣

貞觀年間（627－649 年），置嶺南道。嶺南是指五嶺以南而言，嶺南道的全部轄地，包括現時廣東、廣西以至越南等地，後

來又分為嶺南東道和嶺南西道。寶安縣在嶺南東道。公元 757 年（至德二年），唐肅宗李亨（711－762 年）改寶安縣為東莞縣，是嶺南道廣州都督府轄下的十個縣之一，東莞縣的治所從南頭遷至到沖（一說到涌）。香港地區自此改屬廣州府東莞縣，直至明代中期。香港區內發現不少唐代遺址，包括大嶼山沙咀頭、赤鱲角深灣村及屯門小欖等，出土大量器物及唐代陶窰遺蹟。[3] 在沿海發現的唐代灰窰多達十處，這些灰窰多用來焚煉石灰及蠣灰，以強固漁民舟縫，或黏砌屋牆之用。現時已發現的唐代文物，還有鐵刀、古錢、青釉瓷器等等。

五代時期的香港

唐朝清海軍節度師使劉隱於公元 904 年（天復四年／天祐元年）據有今廣東和廣西地區，至後梁時，其弟劉龑於公元 917 年（貞明三年）稱帝，國號大越，後改為漢，史稱南漢。北宋建立後，於公元 971 年（開寶四年）滅南漢，南漢主劉鋹投降，是年宋設市舶司於廣州。五代十國時，香港地區屬南漢範圍。南漢以興王府即廣州為國都，東莞縣因而歸屬興王府；香港隸屬東莞縣的建制，沿襲至明代初年。南漢時，仍在屯門設軍寨，駐紮重兵；又招募本地的水上人，在大埔吐露港採珍珠，成為中國兩大採珠基地之一，至北宋時停止。元時開禁，採珠業持續至明代。

公元 955 年（南漢乾和十三年），開翊衛副指揮同知，屯門鎮檢點，防遏石靖海都巡陳延鑔杯渡禪師像，立於杯渡山杯渡岩

內。公元 969 年（大寶十二年），南漢主劉鋹敕封杯渡山為瑞應山，並勒碑記其事。南漢對屯門以至香港地區的重視，已經超越前代了。

註釋

1　羅香林等著《一八四二年前之香港及其對外交通》（香港：中國學社，1959年），頁 1–4。

2　韓愈和劉禹錫的詩句，是最早提及屯門的文字記載。但許地山和羅香林從韓愈南行路線推斷，認為他不曾到過屯門。無論如何，屯門的景色出現在當時詩人的作品中，反映了唐代海上交通便利，屯門已為文人雅士所熟知。

3　《香港文物六千年歷史年代表》，〈六朝、隋、唐代、五代〉。

960 — 1368 年

Chapter

5

宋元時期

公元 960 年，宋太祖趙匡胤（927－976 年）代後周稱帝，國號宋，史稱北宋。五代十國的分裂局面，至此復歸統一，但北宋疆域比唐時大為減少，自立國時起不斷受到北方外族的威脅。公元 1126 年，金兵攻入北宋首都開封；次年俘宋徽宗趙佶（1082－1135 年）、宋欽宗趙桓（1100－1161 年）而去，北宋遂亡。

宋徽宗第九子趙構（宋高宗，1107－1187 年）在南京（今河南商丘）即位，後建都臨安（今浙江杭州），史稱南宋。南宋初年曾進行北伐，卻沒有成功；南宋後期，蒙古人崛起於北方，南宋於是聯合蒙古消滅金國。蒙古旋改國號為元，揮師南下，攻入臨安，俘走宋恭帝。南宋大臣陸秀夫（1236－1279 年）等擁立端宗，繼續抗元；不久端宗病死，文天祥（1236－1283 年）、陸秀夫立趙昺為帝。二帝曾於今九龍城濱海一帶駐蹕六個月，其後宋軍移駐新會崖山，為元軍所敗，陸秀夫負帝昺投海殉國。

公元 1279 年，南宋滅亡，元朝統一全國，建都大都（今北京）。元順帝妥懽貼睦爾（1320－1370 年）時，爆發紅巾軍起義。其後明太祖朱元璋（1328－1398 年）派兵攻入大都，推翻元朝統治；元順帝北走塞外，仍以「大元」為國號，史稱北元（1368－1402 年）。

宋元時期還有遼（916－1125 年）、夏（西夏，1038－1227 年）、金（1115－1234 年）三個政權，並稱「遼宋夏金」或「宋遼金元」，是少數民族興起的時期，元代版圖是中國歷代最大的。一般認為，從宋代開始，是中原人士大量移居香港的階段；在宋元時期，香港地區今日的新界、九龍等地，均出現了不少村落。宋元遺址和遺物的發現，是相當普遍的。

兩宋時期的香港

兩宋時期香港的名稱

宋朝的時候，在五嶺以南置廣東路及廣西路。東莞郡屬於廣東路，當時香港稱為碙州，其地包括三十六個島嶼，後人稱「大奚山三十六嶼」。此三十六嶼，西自大奚山（即大嶼山）北急水門（今汲水門）起，東至東龍島北佛堂門（亦稱佛頭門），其中以大嶼山、香港島、舶寮洲三島為最大。論者認為：

> 碙州即是大香港，約包括香港九龍及新界，但「碙州三十六嶼」，卻專指東起佛堂門西至汲水門以南的香港群島而言。係根據下列三書而作判斷：一、（宋）陳仲微著的《二王本末》；他追隨益王、廣王流亡海上，所記事實，當屬可靠。二、元初吳萊著的《南海人物古蹟記》，此書作時距宋亡不久，故亦可靠。三、《大清一統志》。[1]

宋代香港的狀況

兩宋時期嶺南地區的水陸交通、國內貿易及文化事業，都有空前的發展，在海上絲路上，中外船舶絡繹不絕。香港與鄰近地區，宋時稱為大奚山，隸屬東莞縣，設有稅關及官營鹽場。當時區內的居民以務農為主，亦有從事捕魚及燒石灰行業的。隨着經濟的發展，宋時移居香港的氏族日增，較著名的有鄧氏、侯氏、文氏及彭氏。

香港地區有不少宋代考古遺址，在大嶼山沙咀頭和稔樹灣、元朗錦田及吉澳，均發現一些墓葬及宋代瓷片，在米埔、奇力島亦發現藏有大批宋錢的窖藏。[2] 此外，在屯門的小坑村、新慶村及龍鼓上灘等遺址，出土宋代瓷器，及一些有關民居建築的遺蹟和遺物。[3]

北宋時期的香港

北宋（960－1127 年）時香港地區的史事，主要有以下三件：一、當時的九龍灣是一塊鹽田，北宋時特設「官富場」，置鹽官，專責煮鹽事務。官富場在當時是廣東十三大鹽場之一。二、廢「媚川都」，少壯的兵士編入「靜江軍」，老弱者遣回原籍，並禁止人民採珠。香港地區的採珠業因而沒落。三、江西吉水縣的鄧氏遷居岑田，即現時新界的錦田；鄧漢黻是新界鄧氏的始祖，他的曾孫鄧符協被尊奉為錦田一世祖。鄧符協於 1069 年（熙寧二年）考取進士，並被派到廣東任官，其間他到過錦田，覺得這裏山清水秀，任滿後舉家遷居至此。鄧符協是香港地區第一個中進士的人。

宋朝的時候，有「官富場」、「官富山」和「官富寨」三個名稱。寨是寨城（或作城寨），場是鹽場，山是與場、寨相連接的山地，三者互有關係，而以官富場為主體。官富寨又名官富九龍寨，即今日的九龍城，故址在今九龍城賈炳達道以北、東頭村、西頭村以內；官富山即今日自何文田至亞皆老街的東端，與馬頭涌道交界一帶的山地；官富場在官富山以東、官富寨東南的沿海地帶，即今日九龍灣西北、西南沿岸，自舊啟德機場西北角

以南，下至土瓜灣一帶，以至尖沙咀等地，都是宋朝時候的官富場。[4]

南宋時期的香港

南宋（1127－1279年）時期已有不少關於香港地區的記載，以下是與佛堂門、官富場、大嶼山有關的幾件史事：其一、南宋時對外貿易發達，佛堂門成為交通要道，當時已設佛頭洲稅關，向經過的船貨抽稅。1266年（咸淳二年），林道義建佛堂門大廟。其二、1200年（慶元六年），官富場設摧鋒水軍駐守。1274年（咸淳十年），官富場鹽官嚴益彰刻北佛堂的摩崖石刻。其三、禁大嶼山煮私鹽，鹽民千餘人入海為盜；名臣李昂英（1201－1257年）封番禺開國男，朝廷賜大嶼山給他作為食邑。元兵南侵時，宋端宗趙昰（1269－1278年）曾經由大鵬灣進入香港地區；繼位的宋帝昺（1271－1279年），相傳曾在九龍城的小山崗上逗留，後人立「宋王臺」以為紀念。南宋末年，有大批人口自中原移居香港，並在新界建立一些村落，其中文氏族人，就在新田和大埔泰坑一帶建立村落。廈村的鄧氏分支，於十三世紀時遷到元朗居住。

香港地區內最早有記載的海盜活動，可追溯至1197年（慶元三年）。當時大嶼山的鹽農領袖萬登，因不堪官府剝削，率部眾與宋兵作戰，打敗了官兵，奪取官船出海行劫，成為海盜。

廣東名宦李昂英

南宋時，廣東名宦李昂英獲封番禺開國男，賜食邑三百戶，封地及於大嶼山和馬灣，遂立碑石為證。李昂英，字俊明，號

上圖——為紀念南宋末帝駐蹕九龍城而立的「宋王臺」

下圖——官富場南宋咸淳年間（1265－1274年）石刻近貌

文溪；世居隴州（甘肅），祖輩出仕江西，輾轉遷至廣東南雄及番禺。1226年，李昴英會試高中進士，為探花，授福建汀州府推官。歷任太學博士、秘書郎、憲倉提舉、知贛州等，曾三度平定亂事，為百姓所感戴，建生祠八座，遍佈廣東、江西兩省，廣州修有文溪祠及探花臺，後已拆毀。1254年被召入朝任官，曾兼國史館編修，升龍圖閣待制、吏部侍郎，加中大夫，賜番禺食邑。晚年辭官，隱居於廣州，卒諡忠簡。有《文溪詞》、《文溪集》，部分入《全宋詩》中。

根據坊間傳說，李昴英得堪輿學家指示，指大嶼山與馬灣等地形狀如牛，預言「大牛帶小牛，代代出公侯」，他於是向朝廷求賜大嶼山為食邑，祈望福蔭後人。未幾，風水大師賴布衣南來相地，指大嶼山形如巨象，預言「大象帶小象，代代出和尚」，李昴英聽後大為失望，於是回廣州。[5] 幾百年後看來，以今日大嶼山的發展，既有佛門勝地，也是國際機場所在，達官貴人往返其間，上述兩個預言都應驗了。

西貢大廟灣刻石和望夫山

現存西貢大廟灣刻石，刻於南宋咸淳甲戌年間，即1274年，是香港最早有紀年的刻石，記載鹽官與友人到南北佛堂門遊覽的事蹟，以及該處兩所廟宇的歷史。[6] 西貢大廟灣刻石已列為香港法定古蹟，地點在西貢大廟灣地堂咀。

南宋時已有關於「望夫石」的描述，詩人劉克莊有一首詞是這樣寫的：「望夫處，江悠悠；化為石，不回頭。山頭日日風和雨，行人歸來石應語。」所指的就是今日九龍獅子山向沙田那邊，

BOUNDARY STONE OF THE LI HOUSE

This stone, believed to be located at Chung Hau, Mui Wo, was discovered in 1955 and inscribed with the following Chinese characters:

李府食邑稅山

which means, the taxable land of the Li feudal estate. It is not known when this stone was erected. Research indicates that this was probably erected after 1265 AD and served to mark the estate boundary of the Song Dynasty official, Li Mao-ying who obtained his Chin-Shih degree in 1256 AD. An identical stone was discovered in Mau Kok Tsui, Lantau Island in 1977.

The protection of this stone has been made possible with the assistance of the Hong Kong and Yaumati Ferry Company Limited.

ANTIQUITIES AUTHORITY

李府界石

一九五五年在梅窩涌口發現這塊刻有「李府食邑稅山」字樣的界石。「李府食邑稅山」即李氏封地之意。此石豎立日期不詳。據考證，可能於公元一二六五年後豎立，用以標誌宋朝官員李昂英之封地界限。李昂英於一二五七年中進士。一九七七年，有人在大嶼山茅角咀發現另一塊界石，與此界石相同。

承蒙香港油蔴地小輪船有限公司之協助，此界石得以保護。

古物事務監督

大嶼山李府界石。約於 1265 年（咸淳元年）後樹立，用以標誌宋朝官員李昂英食邑界限。

望夫山上的「望夫石」，這塊巨石酷似一個女人揹着孩子，在對江眺望。相傳她的丈夫漂洋過海去異地謀生，遲遲未歸，那婦人時常揹着孩子到山上等候。日子久了，竟化為一尊石像屹立於山頂。直至近代，香港是眾多國人出境謀生所經之地，有「海外華人家鄉」之稱，這塊望夫石也就成為華僑史的一個象徵。

宋末二帝的經歷

南宋末年，宋度宗趙禥（1240－1274 年）於 1274 年（咸淳十年）崩，留下趙㬎、趙昰、趙昺三個兒子。趙㬎為嫡子，四歲繼帝位，是為宋恭宗，封趙昰為益王、趙昺為廣王。1276 年（德祐二年），元兵攻陷南宋都城臨安（今杭州），把恭帝和太后擄走。南宋大臣陸秀夫、陳宜中、張世傑等，奉益王和廣王逃到福建，益王繼位，是為端宗，改元景炎，封趙昺為衛王。不久，元兵追至，陳宜中、張世傑奉端宗及衛王入海至潮州，經惠州，想去廣州，但因受阻，乃改入硐州。

1277 年（景炎二年），端宗於農曆二月至梅蔚山，四月住官富山，九月移淺灣，十一月淺灣陷落，復避至秀山，西航至井澳，途中遇颶風，幾乎淹死，西奔至西女峽，入海至七里洋。上述幾個地方，都在今香港、中山境內，包括：

（一）梅蔚山 —— 就是現在大嶼山的梅窩。

（二）官富山 —— 就是九龍山，山下有宋王臺，在舊啟德機場西邊，其遺蹟今已不存。

（三）淺灣 —— 經許地山考證，即今荃灣。

（四）秀山 —— 即今虎門。

（五）井澳——在今中山縣南海中橫琴山下。

（六）西女峽——又叫仙女澳，在今中山縣境海中。

端宗一行在七里洋時，陳宜中逃走；廣州以西的高州、雷州、化州，守軍都向元兵投降。端宗不得西進，適遇張世傑部擊敗元兵，恢復淺灣，端宗乃從廣東境東返，於翌年（1278 年，景炎三年）三月回至碙州，四月崩逝，陸秀夫等將其遺體葬於赤灣（在今深圳市蛇口）。[7] 復擁衛王為帝，是為宋帝昺，改元祥興，升廣州為翔龍府，升碙州為翔龍縣。元兵破厓山，陸秀夫抱着宋帝昺跳海而死。[8] 現時九龍有一條龍翔道，是否與此有關，有待查考。

宋帝昺在九龍官富場期間，有一次被元兵追到今日馬頭涌的一座小丘上，危在旦夕之際，山上一塊巨石突然崩裂，帝昺躲在石縫中，得以逃脫。後來人們為了緬懷宋帝，就在此石塊上刻了「宋王臺」三個字。也有人認為，「宋王臺」是宋帝築的觀賞臺。據說在「宋王臺」不遠處，還建有「二王殿」。後來村民為了紀念宋帝，將「二王殿」所在地改名為「二王村」。[9]

文天祥《過零丁洋》

南宋抗元名臣文天祥（1236－1283 年）有《過零丁洋》一首詩。其中的零丁洋即伶仃洋，在珠江口，在內伶仃島與香港大嶼山之間。文天祥，曾任湖南提刑、知贛州，1275 年（德祐元年），元兵渡江南侵，逼近南宋首都臨安，文天祥被任命為右丞相兼樞密使，代表南宋跟元朝談判，但被拘留。後來逃脫，退入廣東。當時昰、昺二帝亦南逃，駐驆香港地區約十個月，後被元兵追趕至

新會厓山，文天祥亦於五坡嶺（今廣東省海豐縣北）被俘，元軍逼迫他勸宋軍統帥張世傑投降，途中經過香港九龍官富場及零丁洋，文天祥寫了這首流芳千古的詩篇，以示拒絕勸降。詩云：

> 辛苦遭逢起一經，干戈寥落四周星。
>
> 山河破碎風飄絮，身世沉浮雨打萍。
>
> 惶恐灘頭說惶恐，零丁洋裏歎零丁。
>
> 人生自古誰無死，留取丹心照汗青。

香港地區的侯王廟

大嶼山有侯王宮，九龍城有侯王古廟，都供奉楊侯大王，但說法紛紜。相傳宋代二王南下時，楊太后的弟弟楊亮節一直陪伴左右，輔理朝政，生前被封為侯，死後被封為王，稱為楊侯王，土人則稱他為「大王」，所以侯王廟供奉的神稱為楊侯大王。許地山說：「其侯王廟乃楊太后外戚隨帝逃此殉難後，晉封為王。（宋外戚皆封侯）人民崇祀之，稱為侯王。」[10]

大嶼山的侯王宮位於東涌沙咀頭，一般稱為侯王廟。廟內存放一口古鐘，鑄有「清乾隆三十年」字樣，據此推斷，侯王宮可能建於 1765 年。侯王宮經歷多次重修，有部分可見於碑刻記載；廟頂正脊有陶瓷裝飾，則是遲至宣統年間（1909－1911 年）的石灣瓷器製品。[11]

位於大嶼山沙咀頭的楊侯古廟

最近出土的宋代古井

2012 年 11 月起，港鐵公司於啟德機場舊址附近進行「沙中線」工程，在距離地面約兩米的土層中發現了二百三十九個遺蹟及數千件文物，包括六口古井。經初步勘定，大部分屬於宋代遺蹟，當中以宋代方井最為矚目，另有部分是清代之物。

六口古井之中，宋代遺蹟和清代建築各半。五號井是現時發現最大的一個宋代方井，而且結構最為完整，井口由長形石塊圍起水井範圍，井身由花崗岩石條堆疊而成，深達十層，每層厚約一尺，水井深度不少於三米。宋井建築技術精良，連同周邊的明渠和房舍基址，顯示了當時的生活人口、經濟發展和文化程度，遠遠超過現時人們所認知的水平。論者甚至認為，九龍海域在當時是海上絲綢之路的前線。[12]

元代的香港

設置屯門、官富巡檢司

元朝（1271－1368年）時，香港仍屬東莞，政府曾下令在香港採珠，甚至由官家向蜑戶（水上居民）提供酬勞，令他們三年一次在大埔採珠，並置官主持採珠事務。後來因為採珠擾民而作罷，但不久又再設官。

元朝初年，政府曾在香港地區設置屯門巡檢司，額設巡檢一員，轄管寨兵一百五十人，衙署位於屯門寨。其後，又設置官富巡檢司。巡檢司制度始於五代，盛於兩宋，金及西夏也有類似設置，元朝沿用宋、金遺制。元代的巡檢司大致可分為三類：第一類是在州縣以下，負責捕盜維持治安的；第二類設在少數民族地區，帶有一定的鎮撫和羈縻性質；第三類設在沿江沿海，負責巡邏管轄。香港地區內的巡檢司，應該屬於第三類。巡檢司的設置，標誌着中央政權對香港地區管理的加強。[13]

中原氏族南遷及建村立業

一些中原氏族因要遠離蒙古人的管治，相繼南遷至今深圳及香港一帶，建村立業，與原居民共同相處。元朝末年，廖氏族人自福建遷至新界，後來在上水定居；侯氏族人自廣東遷至上水河上鄉，彭氏族人由江西遷居至粉嶺。時至今日，他們的後代仍在新界居住。鄧氏、文氏、廖氏、侯氏和彭氏，合稱為新界五大家族。1355年（至正十五年），東莞何真於坭岡起事反元，香港地區的居民亦紛紛響應；其後何真在新界黎洞、林村及岑田等地建

立營壘，直至明朝初年才歸朝廷統治。

　　香港考古有關元代的資料很少，主要是從一些陶瓷碎片中辨認出來，此外赤鱲角蝦螺灣發現的元代遺址，共清理窰爐十二座，推測是一處煉鐵作坊。[14] 但亦有考古學者認為，以碳十四測定年代有其誤差，究竟這個窰址的年代是否屬於元代，尚未能證實。[15]

註釋

1　衛挺生、陳立峰合編《香港歷史》，頁 5–6，註 1。

2　《香港文物六千年歷史年代表》，〈宋、元〉。

3　古物古蹟辦事處編《屯門近年考古發現》。

4　王齊樂著《香港中文教育發展史》，頁 20–21。

5　香港史學會編著《文物古蹟中的香港史 I》，頁 45。

6　網址：http://www.amo.gov.hk/b5/monuments_04.php。

7　許地山〈香港小史〉說他曾遊其地，發現陸上碑銘作「大宋祥興少帝之陵」，祥興是帝昺年號，端宗年號乃景炎。「此陵據堪輿家言，為龍吐珠之穴，赤灣天后廟規制宏廓，頗類宮殿，大約即就宋帝當日行宮擴建而成。該廟祀神打鼓之音調，亦異於其他廟宇。想亦係宋朝制度。古時對皇帝駐蹕處，每不敢再用為民居，往往捨為廟宇。」見黎晉偉主編《香港百年史》（香港：南中編譯出版社，1948 年），頁 34。

8　衛挺生、陳立峰合編《香港歷史》，頁 4–5。

9　許錫揮、陳麗君、朱德新著《香港簡史（1840–1997）》，頁 8。

10　許地山〈香港小史〉，見黎晉偉主編《香港百年史》，頁 34。

11　古物古蹟辦事處編《東涌懷古》（香港：康樂及文化事務署，2010 年）。

12　香港史學會編著《文物古蹟中的香港史 I》，頁 37–41。

13 劉蜀永主編《簡明香港史（新版）》（香港：三聯書店〔香港〕有限公司，
   2009 年），頁 7－8。

14 《香港文物六千年歷史年代表》,〈宋、元〉。

15 鄧聰〈秦漢至明清時期的香港文化〉，王國華主編《香港文化發展史》，頁
   147。

1368 — 1912 年

Chapter

明清時期

公元 1368 年，明太祖朱元璋稱帝，推翻元朝統治，建都應天府（今江蘇南京），國號明。公元 1421 年，明成祖朱棣（1360－1424 年）遷都北京，而以應天府為南京。明代疆域，東南到海及海外諸島。明末陝北發生民變，不久擴大到全國。公元 1644 年，李自成（1606－1645 年）攻破北京，明朝被推翻。同年，清兵入關，建立清朝。明朝的殘餘力量先後在南京建立弘光、隆武、紹武、永曆、定武等政權，歷史上稱為南明。

清朝定都北京，疆域西到今巴爾喀什湖、楚河、塔拉斯河流域、帕米爾高原，北到戈爾諾阿爾泰、薩彥嶺，東北到外興安嶺、鄂霍次克海，東到大海，包括台灣及其附屬島嶼，南到南海諸島，西南到廣西、雲南、西藏，包括拉達克。康熙、雍正、乾隆三朝是清代的盛世，十八世紀後期，這個約有三億人口的帝國，是當時亞洲東部最強大的國家。

中英鴉片戰爭爆發後，由於清政府沒落和外國勢力入侵，中國內憂外患頻仍，逐步淪為「半封建半殖民地」社會。清廷實行洋務運動，學習西方的「船堅炮利」，希望能夠富國強兵，但在甲午戰爭中敗於日本，其後戊戌變法和清末新政，都不能改變清朝衰落的命運。1911 年武昌首義爆發，各省紛紛響應，宣佈獨立，史稱辛亥革命。翌年中華民國成立，清帝退位。中國長達二千多年的君主制度，亦隨着清朝滅亡而宣告結束。

香港明清時期的遺址是很多的，遍佈區內各處。單以屯門一地為例，近期考古學者在掃管笏的搶救發掘中，就發現了三十多座明代墓葬，為了解當時的民間埋葬風俗提供了重要資料；泥圍遺址的窰爐遺蹟，則展示了清代後期的手工業狀況。[1] 考古學者

指出：「清代以後，香港軍事考古反映了中西間歷史的側影。其中，清代炮台如佛堂門炮台和九龍寨城的發掘，顯示了考古與近代史接合的新發展。大量考古資料證明，中華文化是香港文化的根，中原文化與嶺南文化一直相互影響，香港文化是在 1840 年前已經獲得一定發展，並非始於自鴉片戰爭後。」[2]

明代香港的歷史與文化

明代香港的海防地位

明朝（1368－1644 年）建立後，香港地區復歸朝廷管轄。1370 年（洪武三年），明政府設置官富巡檢司，其管轄範圍大致相當於今香港地區。1381 年（洪武十四年），朝廷在東莞縣設東莞守禦千戶所，治所在南頭，明初香港屬東莞縣。1394 年（洪武二十七年），廣東左衛千戶張斌築大鵬所城。從這個時候開始，香港地區已經成為廣東沿海防倭守禦系統中的前哨基地之一。[3]「香港」一詞，最早載於萬曆年間（1573－1619 年）成書的《粵大記》一書所附的《廣東沿海圖》中，郭棐撰修《粵大記》的年代，大約是在嘉靖（1562－1566 年）末年。不過，明清時期人們所稱的「香港」，僅指香港島的一隅而已。1581 年（萬曆九年）刊刻的《蒼梧總督軍門志》中，有劉堯誨所繪的《全廣海圖》，已見有「九龍」之名。1586 年（萬曆十四年），南頭置總兵、哨官，以加強香港地區的防禦力量。

上圖 —— 明代郭棐撰《粵大記》所附《廣東沿海圖》中，關於「香港」的記錄。

下圖 ——《鄭和航海圖》（部分）

明代香港的社會經濟

明代初年，由於經濟日漸發達，中土南遷人數日眾，香港地區內的人口不斷增加。宋元時期定居於香港的大族，亦開始分支，例如錦田鄧族分遷至元朗屏山及厦村和粉嶺龍躍頭一帶，族人更於屏山建「聚星樓」風水塔。

當時香港地區內的經濟活動，仍以生產海鹽、培植香樹，以及採珠為主，均為官辦；民間則以務農、捕魚及燒石灰等為業，社會經濟已初步呈現繁榮景象。明代中葉以後，部分南遷的窰工開始在大埔碗窰燒製青花瓷器。由於南海貿易發達，廣州是當時最大的商港，大嶼山竹篙灣明代遺址曾出土大量景德鎮生產的外銷青花瓷片，還有小量泰國陶瓷片。據此可以推測，當時香港是海上貿易的轉運站。[4]

鄭和下西洋與香港

1405 年（永樂三年）中，鄭和（1371－1435 年）率副使王景弘等奉明成祖朱棣（1360－1424 年）之命通使西洋。這一支武裝艦隊的組織很龐大，計有「寶船」六十二艘，大者長達四十四丈，寬十八丈；總人數達二萬七千八百餘人，主要是將士，也包括醫官、醫士、水手、內監、通事（翻譯）、書算手、工匠等。艦隊從蘇州劉家港出海，經福州，向南海出發，經過占城（今越南中南部），南下至東爪哇，又經舊港（三佛齊）、滿剌加（麻六甲）海峽，出印度洋至錫蘭山，沿印度西海岸至古里。1407 年（永樂五年）返國。這是鄭和第一次出使西洋，以後數度奉使，最末一次是 1430 年（宣德五年）出發至 1433 年（宣德八年）回國，計前

後共七次，凡二十八年。

《明史》的〈鄭和傳〉指出：「成祖疑惠帝亡海外，欲蹤跡之，且欲耀兵異域，示中國富強。」鄭和下西洋之舉，除了彰顯明朝聲威外，還可以「宣德化而柔遠人」，與諸國「共享天下之福」，奉行對外開放與和平外交的方針。據《鄭和航海圖》所示，香港地區內的蒲胎山（今蒲台島）、佛堂門、大奚山等地名，均明確見於圖中，當時雖未有香港之名，但鄭和艦隊經過香港這一帶水域是毫無疑問的。

明代後期香港的狀況

明武宗時，葡萄牙人波萊斯德爾（Rafael Porertrello）於 1516 年（正德十一年）由麻六甲（今馬六甲）至廣東，是近代第一個到中國的歐洲人；翌年，葡人安剌德（Fernao Perez Andrade）及葡使比留斯（Thomas Pirez）率領武裝艦隊八艘到屯門港，以黃金賄賂守軍，安然入港，並允許赴廣州。1519 年（正德十四年），葡萄牙船隊抵達廣州要求入城，但被驅逐，葡萄牙人（當時稱為佛朗機人）曾在香港地區內的大澳建立據點，一度佔據屯門，建堡壘設壕障。後來明朝派兵與葡萄牙人作戰，葡萄牙船隊在屯門一帶被擊敗，才把他們趕走，史稱屯門海戰。廣東巡海道副使汪鋐率兵將盤踞屯門的葡萄牙人驅逐出境，是在 1522 年（嘉靖元年）。

大埔採珠業於 1558 年（嘉靖三十七年）停止，香港地區的採珠活動從此不振。不過，在另一方面，明代東莞、新安及香港地區盛產香品，「香港」的得名，可能與香木貿易有關。明代中葉以後，部分南遷的窰工開始在大埔碗窰燒製青花瓷器。在該處發

現的青花碗殘片，有「崇禎拾伍年造」字樣；這是明朝滅亡前兩年（1642 年）燒製的瓷器。[5]

嘉靖年間（1522－1566 年），原寶安縣縣治所在地 —— 南頭及其周圍地區發生饑民暴動，掀起搶米風潮，附近的「山賊」、「海寇」亦蠢蠢欲動。事件平息後，參加撲滅暴動的鄉紳吳祚等人覺得濱海的南頭及香港等地區，與東莞縣縣治所在地相距百餘里，不僅在管理上有困難，倘若再有變亂發生，縣府恐鞭長莫及，於是聯名向廣東巡海道副使劉穩請求在南頭及附近區域另行建縣，劉穩報請朝廷後得到批准。[6]

1573 年（萬曆元年），朝廷從東莞縣全縣一百八十三里（行政單位）中，劃出南部濱海地區五十六里，另設新安縣，取其「革故鼎新，去危為安」之意，而以舊有的新安營參將駐守，縣治設於南頭。自此，香港地區屬廣州府新安縣管治。香港村的名稱首次見於《粵大記》，已如上述；其後有關香港的重要史事，都記錄在王崇熙於 1819 年（嘉慶二十四年）撰修的《新安縣志》之內。

繼葡萄牙人之後，荷蘭人、西班牙人亦來中國；1635 年（崇禎八年），英國人接踵而至。中國閉關自守的局面，到了清朝中衰之後就維持不住了。

海盜為患與加強海防

明代常有海盜在香港沿海一帶出沒，較為人知的，有 1533 年（嘉靖十二年）的彌松桂、溫宗善；1551 年（嘉靖三十年）的何亞八；1567 年（隆慶元年）的曾一本；1630 年（崇禎三年）的李魁奇，

1633 年（崇禎六年）的劉香。這些海盜有些是與倭寇（日本海盜）
聯結的，如何亞八、曾一本等。[7]

海盜以外，還有山賊為禍。明代初年，東莞守禦千戶所的所
城位於今南頭城內，建於 1394 年（洪武二十七年），但兵力不足
以保衛香港地區，致使居民常受寇擾。1536 年（嘉靖十五年），
在香港及其濱海一帶，增設南頭寨，以南頭海防參將駐守。轄六
汛地，每汛有兵二百一十名、船八艘，以一把總率領。在香港境
內的，有佛堂門、龍船灣及大澳三處汛地。自此直至明代末年，
香港地區的寇患略減，這是當時軍民合力守禦之力，故常能轉危
為安。[8]

清代前期香港歷史的變遷

清初「遷界」造成巨大破壞

清朝（1644－1912 年）建立後，香港地區仍屬於新安縣管轄。
福建人鄭成功（1624－1662 年）在東南沿海堅持「反清復明」，
1646 年（順治三年）曾在南澳（今屬廣東）起兵，後以金門、廈
門為根據地，南明永曆政權封他為延平郡王。1659 年，鄭成功與
張煌言（1620－1664 年）聯兵北伐，圍攻南京，在南京城外戰敗。
1661 年，鄭成功率領將士二萬五千人，乘坐戰船三百五十艘，自
廈門出發，橫渡台灣海峽，在台灣西海岸登陸，擊敗盤踞台灣
三十八年的荷蘭殖民者，建立行政機構，並廣招大陸居民到台灣
墾荒。

清廷為了斷絕沿海居民與台灣鄭氏政權的聯繫，於 1662 年（康熙元年）頒佈「遷海令」，實行「遷海政策」，又叫作「遷界」，規定沿海居民全部內遷五十里，並禁止出海。新安縣境內被遷地域佔三分之二，縣治所亦在內遷之列。沿海地帶成為「無人區」，任何人等不得在區內停留，更不准片帆出海，違者格殺勿論。當時香港地區也在內遷的範圍，居民盡失家園，受到嚴重的影響，變成荒蕪地帶。但遷界沒有起到積極作用，反使海盜有機可乘，在此期間安營紮寨和迅速發展起來。官府束手無策，僅在邊界築「墩臺」，派兵把守，不能徹底解決治安問題。

　　有識之士曾上書請求「復界」（又稱「展界」），容許沿海地區的居民重新遷回。1666 年（康熙五年），新安縣被撤裁，其轄地併入東莞縣。1669 年（康熙八年）廢除「遷海令」，新安縣得以重建，縣治所仍在南頭，香港居民才陸續遷回。但人口比遷界前銳減，在官府的招募下，不少福建、江西省的客家人，進入香港落戶。原先的採珠業、煮鹽業及香樹葉已一蹶不振，居民多以捕魚及務農為生。直至 1683 年（康熙二十二年），鄭成功後代的抗清活動徹底失敗後，清廷才允許全面「復界」，香港離島的居民在這一年才獲准遷回原址。「遷界」擾民二十餘年，香港地區千百年來積累下來的社會民生一下子給破壞無餘，損失慘重，只好從頭做起。

　　隨着人口增加，交通逐漸恢復，經濟恢復增長，村落及墟市亦有發展。大埔太和市、粉嶺聯和墟、元朗舊墟等，均於清代建立。另一方面，清廷於佛堂門、東涌、分流等地設置炮台，加強防禦設施；清代中葉以後，為防備洋人入侵，更在東涌增設所

城，及修建九龍寨城。[9]

清初海盜肆虐，清政府曾在多處建築炮台，例如東龍炮台、大嶼山的東涌炮台等，加強了香港地區的防禦力量。雍正（1723－1735 年）年間，增設佛堂門炮台及大嶼山炮台；乾隆（1736－1795 年）、嘉慶（1796－1820 年）年間，加設更多汛營及炮台，除防禦海盜外，還為了應付西人東來所造成的威脅。香港島內的赤柱，朝廷亦有派兵駐守，《新安縣志》內，便有以下關於赤柱的記載：「赤柱山，在縣南、洋海中，延袤數十里，諸山擁拱，為海外藩籬，有兵防守。」可見當時的香港島，已是官府海防要地之一，並非如後來一些著作所說那樣，僅僅是個漁村而已。

西貢東龍洲炮台

西貢東龍洲炮台位於東龍洲東北面，俯瞰佛堂門海峽，原稱佛堂門炮台，位據軍事要點。據《新安縣志》記載，東龍洲炮台是康熙年間（1662－1722 年）為了防禦海盜而興建的；但亦有資料說，該炮台是兩廣總督楊琳於其任內（1719－1724 年）下令建造的。結合兩段記載，該炮台應設於十八世紀初年。

炮台呈長方形，外牆長三十三點五米，闊二十二點五米，圍牆高度約為三米，入口設於北牆。炮台有營房十五所及大炮八門。炮台建成後，一直駐有守軍，及至十九世紀初，海盜日益猖獗，而炮台又位於孤島上，補給和支援困難，遂於 1810 年（嘉慶十五年）被九龍炮台取代，從此荒廢。[10] 東龍洲炮台的修繕工程於 1979 至 1982 年間進行，其間古物古蹟辦事處在義工協助下，於

西貢東龍洲炮台遺址

炮台內部進行有系統的考古發掘工作，出土器物數量甚豐。現該炮台已列為香港法定古蹟。[11]

大嶼山炮台遺址

《澳門紀略》載 1729 年（雍正七年）清廷在大嶼山「兩山各設炮台」。分流炮台應是其中之一，該炮台位於大嶼山西南端，俯瞰來往珠江的航道，炮台長約四十六米，闊二十一米，牆身以花崗石及青磚疊砌而成。炮台曾被海盜佔據，及至 1810 年（嘉慶十五年）間，海盜先後向清廷投降，炮台才恢復戍守。估計至 1898 年（光緒二十四年）新界「租借」予英國後，炮台始正式棄置。該炮台直至 1985 年完成初步修繕工程，1990 年再進行大規模修葺，並改善附近的環境與設施，列為香港法定古蹟。[12]

據《廣東通志》記載，1817 年（嘉慶二十二年）曾在大嶼山東涌石獅山腳建造兩座炮台。1980 年，在東涌碼頭附近臨海的山坡上，發現有炮台遺蹟，經清除叢生的雜草後，露出一道曲尺形的圍牆，牆角有一處平臺，可能是擺放大炮所用。若如《廣東通志》所載，該地建有兩座炮台，則此一遺蹟無疑是其中一座。現時大嶼山東涌小炮台修復工作已完成，列為香港法定古蹟，不過，有關情況仍待進一步研究。[13]

另外，還有大嶼山東涌炮台，在清代稱為「東涌所城」，是大鵬右營的水師總部。城牆以修琢平整的花崗岩石修砌成，有三度拱門，門上均有楣刻：東門「接秀」，西門「聯庚」，北門「拱辰」。北門為正門，並刻有「道光十二年」字樣，當為建造年份，即 1832 年，另有「督造守備何駿龍」一行小字，依然清晰可見。[14]

大嶼山東涌炮台北門，建於 1832 年（道光十二年）。

新界在 1898 年「租借」給英國,清兵自炮台撤退,炮台先用作警署,後用作華英中學校舍、東涌鄉事委員會及東涌公立學校。大嶼山東涌炮台於 1979 年列為香港法定古蹟。[15]

1980 年,東涌碼頭附近的小山上發現一座廢壘,該遺蹟包括兩堵成曲尺型的圍牆,及一個估計用來放置大炮的平臺。由於該處位置與方志記載的東涌口兩座石獅山炮台極為接近,相信廢壘就是其中一個炮台。1983 年列為法定古蹟,現時稱為東涌小炮台。[16]

張保仔與海盜活動

張保仔(1786－1822 年)是清代最為人所知的海盜,原名張保,是新會江門的漁民,十五歲時隨父出海捕魚,被當時最大的海盜幫派 —— 紅旗幫幫主鄭一擄走,成為他身邊的海盜,因為年紀細小,所以稱呼為「保仔」。他有航海經驗又懂武功,很快便升為頭目。後來鄭一遇到颱風溺死,部眾由他妻子石金香 —— 人稱鄭一嫂統領。她重用張保仔,後來二人並且結為夫婦,轉以香港和附近島嶼為基地,專門搶劫洋船和商船。盛大時有大小船隻八百餘艘,部眾多達三四萬人。

當時另一支海盜黑旗幫的郭婆帶,因不想張保仔坐大,於是向兩廣總督張百齡(1748－1816 年)投誠自保,獲得優厚待遇,並授予官職。官兵力量與紅旗幫太過懸殊,於是官府藉助葡萄牙人和英國人打擊張保仔。1809 年(嘉慶十四年),紅旗幫船隊在大嶼山海面被廣東水師和葡萄牙海軍圍攻,張保仔下令船隊開往大嶼山的赤瀝角(今赤鱲角)集中整頓補給和修理船炮,曾邀郭

十九世紀初廣州的洋行

購買鴉片，結果白銀大量外流。當時朝廷計算賦稅以白銀為主，民間則多用銅錢，白銀外流使國內的白銀愈來愈少，造成銀貴錢賤、財政困難的現象。人民的健康也受到鴉片的嚴重影響。對於鴉片問題，清政府內部大致上有兩派意見：一派主張嚴禁鴉片，另一派則反對禁煙。湖廣總督林則徐（1785－1850 年）極力指出鴉片毒害中國，影響及於軍事和財政。清宣宗（道光帝）於是任命他為欽差大臣，到廣州查禁鴉片。

清代後期香港歷史的變遷

鴉片戰爭後清廷「割讓」香港島

1839 年，林則徐到廣東後，一方面緝拿煙販，一方面整頓海防，在珠江口增添大炮三百門；又令外商具結：以後來華貿易，永不夾帶鴉片，否則一經查出，貨物沒收，人即正法。各國商船都依令具結，但英國商務監督查理・義律（Charles Elliot, 1801－1875）不准英商交出鴉片及具結，於是林則徐派兵封鎖商館，義律被迫交出二萬多箱鴉片。林則徐將全部繳獲的鴉片在虎門海灘銷毀，義律率英商離開廣州，船隻在九龍尖沙咀附近停泊。一名英國水手在尖沙咀村醉酒行兇，打死村民林維喜，但英方不肯交出兇手，事件導致中英雙方關係更加惡化。道光帝下令斷絕中英貿易，戰爭於是爆發。

林則徐開始禁煙時，義律早已向英國政府請求以武力解決鴉片貿易問題。中英貿易停止後，英國派海軍前來，北上直迫大

沽海口。清政府大為恐慌，將林則徐撤職查辦，派欽差大臣琦善（約 1790－1854 年）赴廣州，與英軍談判。琦善私下與英方簽訂了《穿鼻草約》，答應割讓香港、開放廣州、賠償英方煙價等；道光帝不滿，把琦善革職，派奕山率兵到廣州與英軍交戰。英國派砵甸乍（Henry Pottinger, 1789-1856）率艦東來，攻陷虎門，奕山投降；英國海軍又長驅直入長江，逼近南京，清廷屈服，與英國談和。

1842 年 8 月 29 日，中英簽訂《南京條約》，香港島正式「割讓」給英國。此外，條約內容還包括：賠償英國煙價、兵費共二千一百萬銀元；開放廣州、廈門、福州、寧波、上海五個城市為通商口岸；英商貨物進出中國海關所繳交的稅款由兩國協定。這是中國近代史上第一個不平等條約。翌年雙方簽訂《中英五口通商章程》和《虎門條約》，作為《南京條約》的附件，規定英國擁有「領事裁判權」和「最惠國待遇」。其後歐洲各國商人相率來華，清廷為了監視洋人的活動，在九龍灣附近灘頭設置九龍炮台，更於 1847 年（道光二十七年）建立一座圍城，稱為九龍寨城，駐兵數百，以加強海防。

鴉片戰爭期間，英國人為甚麼圖佔香港？據學者許地山所言，英人東來通商，向由孟買、孟加拉等處派軍艦護航，至赤柱、內伶仃等處，「英艦一面保護走私，同時防備海盜」。其目光所注者，一為香港，一為大嶼山。「英人初探大嶼山，東通大澳，因該處流急水淺，乃改向中國要求割讓香港，中國未即應允。蓋當時上自督撫，下至府縣，皆不知香港在何處，更無論其面積形勢，遂不敢貿然許諾。英人以所求不遂，即遣兵北上，並於 1841 年強索香港，清廷及粵省大吏不得已乃允割讓。」英人佔領香港

1839 年中英兩國爆發穿鼻洋海戰

該地方官公文往來令英人按照下條開後之例清楚交納

貨稅鈔餉等費

一因英國商船遠路涉洋往往有損壞須修補者自應給予

沿海一處以便修船及存守所用物料今

大皇帝准將香港一島給予英國

君主暨嗣後世襲主位者常遠主掌任便立法治理

一因

欽差大臣等於道光十九年二月間將英國領事官及民人等剉淆

粵省帑以死罪索出鴉片以為贖命令

大皇帝准以洋銀六百萬圓償補原價

一凡英國商民在粵貿易向例全歸額設行商亦稱公行者

承辦今

大皇帝准其嗣後不必照向例凡有英商等赴各該口貿易者勿

論與何商交易均聽其便且向例額設行商等內有累欠英

商甚多無措清還者今酌定洋銀三百萬圓作為商欠之數

由中國官為償還

一

欽差大臣等向英國官民人等不公強辦致褫撥發軍士討來伸理

《南京條約》抄件，清政府割讓香港島予英國。

後，初欲於赤柱開埠，但該處東南風甚烈，而瘴癘等病尤猖獗，英人病死者甚多，戍者苦之，乃圖改避。傳說有蜑籍名「阿群」者，領英人由南面越至北面，其所經之路被稱為「裙帶路」。英人遂闢港島北部，而以海面為維多利亞港，探測灣內水深在六尋（一尋合六英尺）以上，可泊巨艦，然初建時仍苦瘴癘，商務不振，有放棄之意，後經幾任港督經營始漸具規模。[20]

英法聯軍之役後清廷「割讓」九龍

1851 年（咸豐元年）太平天國事件爆發後，香港總督般含（Samuel George Bonham, 1803－1863）到天京（今南京）訪問太平天國政府。由於太平軍加強攻勢，英國增兵香港，香港政府宣佈中立，並要求清軍及太平軍雙方武裝船隻退出香港海面。1856 年（咸豐六年）英、法兩國聯合出兵攻打中國，史稱英法聯軍之役（又稱第二次鴉片戰爭）；1858 年，又分別簽訂中俄、中美、中英、中法《天津條約》。其後戰事再起，英法聯軍攻入北京，清廷求和，於 1860 年與英國簽訂《北京條約》，答應「割讓」九龍半島南端的土地給英國，而以界限街為界。香港島與九龍半島之間的維多利亞港，是世界上三大天然良港之一（另外兩處是美國的三藩市和巴西的里約熱內盧），海港兩岸，自此均由英方管轄。

英國向清廷「租借」新界地區

十九世紀末年，列強爭相在華租借港灣和劃定勢力範圍。1898 年（光緒二十四年），中英兩國簽訂《展拓香港界址專條》，次年又簽訂《香港英新租界合同》，英國向清廷「租借」九龍半

第四款

一續增條約畫押之日

大清大皇帝允以天津郡城海口作為通商之埠凡
有喚民人等至此居住貿易均照經准各條所
開各口章程比例畫一辦例

第五款

一戊午年定約互換以後

大清大皇帝允於即日降諭各省督撫大吏以凡有
華民情甘出口或在喚國所屬各處或在外洋
別地承工俱准與喚民立約為憑無論單身或
願攜帶家屬一併赴通商各口下喚國船隻毫
無葉阻該省大吏亦宜時與

大喚欽差大臣查照各口情形會定章程為保
全前項華工之意

第六款

一前據本年二月二十八日

大清兩廣總督勞崇光將粵東九龍司地方一區交
與大喚駐紮粵省暫充喚總局正使功賜三等

《北京條約》抄件，清政府割讓九龍半島予英國。

島由界限街以北至深圳河以南，連同鄰近島嶼在內，稱為「新界」地區，為期九十九年。英軍接管新界時，當地人民曾激烈反抗。1899 年，元朗錦田吉慶圍居民反抗英軍接管失敗，英軍將鐵門作為戰利品掠走，運回英倫。英國接管新界本應由 1898 年 7 月 1 日開始，事實上卻延至 1899 年（光緒二十五年）4 月。[21] 香港島、九龍半島和新界地區，至此成為香港的三大組成部分。

香港由於位處珠江口岸，擁有水深港闊的維多利亞港，加上較為完善的港口設施，使航運業漸具規模。在二十世紀初期，銀行業和商業活動續有發展；火車站落成，九廣鐵路開通，方便兩地往來，香港華人社會與中國內地一直保持密切的關係。

九龍寨城的歷史變遷

清廷於 1847 年（道光二十七年）修建的九龍寨城，城牆用花崗石條構築，有六座瞭望臺和四道城門，南門為正門。寨城的衙門原為九龍司巡檢辦公地方，是一座三進兩院式的青磚建築，用柱子和山牆支撐檁條和瓦頂，設計簡單而實用。衙門中進是公堂，後進為官邸。

清朝官兵撤離九龍寨城後，衙門曾被不同的教會團體租用，先後作為老人院、孤兒寡婦所、學校、醫務所等用途。1941 年底至 1945 年 8 月中，日軍佔領香港，其間把九龍寨城的城牆完全拆毀，用作擴建啟德機場的建築材料。戰後九龍寨城更加破落，淪為貧民窟，龍蛇混雜，居民習稱為「九龍城寨」。1987 年，港英政府宣佈清拆寨城，於原址興建公園。在清拆期間，曾進行考古勘查，發現寨城東門和南門的牆基和石板通道保存完好，並在南

謹將與英國使臣竇訥樂議定展拓香港界址

專條繕具清單恭呈

御覽

溯查多年以來素悉香港一處非展拓界址不

足以資保衛今中英兩國政府議定大略按照

粘附地圖展擴英界作為新租之地其所定詳

細界綫應俟兩國派員勘明後再行畫定以九

十九年為限期又議定所有現在九龍城內駐

紮之中國官員仍可在城內各司其事惟不得

與保衛香港之武備有所妨礙其餘新租之地

專歸英國管轄至九龍向通新安陸路中國官

民照常行走又議定仍留附近九龍城原舊馬

頭一區以使中國兵商各船渡艇任便往來停

泊且更城內官民往便行走將來中國建造鐵

《展拓香港界址專條》，英國強租新界九十九年。

門原址發現兩塊石額，上刻「南門」和「九龍寨城」字樣。南門遺蹟原地保留，供市民參觀。衙門得以保留並全面復修，成為重要的歷史見證。九龍寨城公園列為香港法定古蹟。[22]

在「九七回歸」前清拆九龍寨城，是有其原因的。許地山說，英國「租借」新界後，「惟九龍城及其汛地，仍許中國駐兵（如上海跑馬地靜安寺不入租界範圍），村人有訴訟案件，仍歸新安縣管理。迨至宣統時，村人訴訟不願遠赴新安，於是民政財政遂完全歸入英人手中。現在保留未歸英人者，僅九龍寨城一隅耳。前年〔1938年〕英人欲加拆除，嗣經交涉停止」。[23] 換言之，英人管治香港時，九龍寨城仍屬中國政府；英國在香港交還中國前把九龍寨城清拆，問題就妥當處理了。

西貢佛頭洲稅關

兩廣總督鑒於香港「開埠」後鴉片走私活動猖獗，於1868年（同治七年）下令在佛頭洲、長洲及汲水門（馬灣）設置稅關，對鴉片貿易抽取釐金。後來新界「租借」予英國後，這些稅關於1899年（光緒二十五年）停止運作。

西貢佛頭洲稅關遺址於1962年發現。因該遺址先後發現四闋斷碑組成的一通石碑，上刻「德懷交趾國貢賦遙通」，下刻「稅廠值理重修」，據此認定是一個稅關遺址。現已列為香港法定古蹟。[24]

上圖 ── 九龍寨城房屋
下圖 ── 九龍寨城古炮台

香港與清季革命運動

晚清革命領袖孫中山（1866－1925年）早年曾在香港讀書和習醫；後來又在香港籌劃革命活動，與楊衢雲（1861－1901年）等設立興中會總部、組織廣州起義。當年孫中山在港活動的地點，2006年命名為「孫中山史蹟徑」供考察和旅遊。該史蹟徑共有十五個景點，包括孫中山求學時期九個相關地點及孫中山策劃革命六個相關地點。以甘棠第作為館址的孫中山紀念館，展品主要包括孫中山與近代中國及孫中山時期的香港兩部分。[25]

其後另一位革命領袖黃興（1874－1916年），亦在香港進行活動，1911年（宣統三年）他在跑馬地成立革命軍統籌部，籌備黃花崗起義的工作。這次起義雖然失敗，但震動全國，不久即爆發武昌起義，各省紛紛響應，史稱辛亥革命。新界的紅樓，當年曾經是黃興等人活動的一個根據地。

註釋

1　古物古蹟辦事處編《屯門近年考古發現》。

2　鄧聰〈秦漢至明清時期的香港文化〉，王國華主編《香港文化發展史》，頁108。

3　余繩武、劉存寬主編《十九世紀的香港》（香港：麒麟書業有限公司，1994年），頁7。

4　《香港文物六千年歷史年代表》，〈明〉。

5　文物保育專員辦事處編《大浦碗窰》（香港：文物古蹟辦事處）。

6　許錫揮、陳麗君、朱德新著《香港簡史（1840－1997）》，頁3。

7　梁國榮〈張保仔─香港大海盜〉，香港註冊導遊協會編《香港景觀文化導遊》（香港：知出版，2014年），頁200－201。

8　蕭國健著《香港古代史（修訂版）》（香港：中華書局〔香港〕有限公司，2006 年），頁 48－50。

9　《香港文物六千年歷史年代表》，〈清〉。

10　古物古蹟辦事處編《東龍洲炮台及石刻》（香港：康樂及文化事務署，2010 年）。

11　網址：http://www.lcsd.gov.hk/CE/Museum/Monument/b5/monuments_09.php。

12　網址：http://www.lcsd.gov.hk/CE/Museum/Monument/b5/monuments_11.php。

13　網址：http://www.lcsd.gov.hk/CE/Museum/Monument/b5/monuments_22.php。

14　古物古蹟辦事處編《東涌懷古》。

15　網址：http://www.lcsd.gov.hk/CE/Museum/Monument/b5/monuments_07.php。

16　古物古蹟辦事處編《東涌懷古》。

17　梁國榮〈張保仔：香港大海盜〉，香港註冊導遊協會編《香港景觀文化導遊》，頁 201－203。

18　黃時鑒主編《解說插圖中西關係史年表》（杭州：浙江人民出版社，1994 年），頁 416；陳昕，郭志坤主編《香港全紀錄》卷一（香港：中華書局〔香港〕有限公司，1997 年），頁 18。

19　衛挺生、陳立峰合編《香港歷史》，頁 7－8。

20　許地山〈香港小史〉，黎晉偉主編《香港百年史》，頁 34。

21　許地山〈香港小史〉：「新界古蹟有參觀價值者，如錦田之兩扇鐵門，當時粵人團練抗英，該處原有鐵門四扇，工作甚精，英軍攻佔錦田，將鐵門運回英倫，民國後乃以兩扇歸還村人。」見黎晉偉主編《香港百年史》，頁 34。

22　網址：http://www.lcsd.gov.hk/CE/Museum/Monument/b5/monuments_62.php 及 http://www.lcsd.gov.hk/CE/Museum/Monument/b5/monuments_63.php。

23　許地山〈香港小史〉，黎晉偉主編《香港百年史》，頁 34。

24　網址：http://www.lcsd.gov.hk/CE/Museum/Monument/b5/monuments_18.php。

25　周佳榮〈歷史現場與城市變遷：孫中山在香港活動的史蹟〉，氏著《潮流兩岸：近代香港的人和事》（香港：香港中和出版有限公司，2016 年），頁 222－227。

専題篇

香港歷代建制和名稱由來

自秦始皇統一全國，建立中央集權的統一國家後，香港地區一直隸屬中央王朝或地方政權管轄，長達二千多年。其間在建制上，香港曾經歸番禺、寶安、東莞、新安四個縣份管轄，根據所隸屬縣治的變更，可以劃分為四個階段。（表二）

香港島、九龍半島、新界及離島先後脫離新安縣管轄，也就是近代香港形成的過程，1997年7月1日，香港回歸中國，香港特別行政區成立，管轄的範圍包括上述這三個地區。

表二

香港古代建制階段表

階段	起迄	年期
隸屬番禺縣管轄時期	公元前 214－公元 331 年	約 545 年
隸屬寶安縣管轄時期	331－757 年	約 426 年
隸屬東莞縣管轄時期	757－1573 年	約 816 年
隸屬新安縣管轄時期 ・香港島： ・九龍半島： ・新界及離島：	 1573－1841 年 1573－1860 年 1573－1898 年	 約 268 年 約 287 年 約 325 年

歷代建制的沿襲和變更

隸屬番禺縣管轄時期

公元前 214 年（始皇帝三十三年），秦朝設南海郡，統轄番禺、博羅、中宿、龍川、四會、揭陽六縣，番禺是南海郡下的首郡，以城中有番山和禺山，故名「番禺」，香港歸番禺轄區。中經南越國，後漢武帝將南越劃分為七郡（一說九郡），其中南海郡照舊管轄番禺等六縣，香港仍屬番禺縣轄區，此建制一直延續至東漢及三國末期，至公元 331 年（咸和六年）止，共約五百四十五年。

隸屬寶安縣管轄時期

東晉時，於公元 331 年增設東官郡，轄寶安、安懷、興寧、海豐、海安、欣樂六縣，香港從這時起改隸寶安縣管轄，一直持續到公元 757 年（至德二年）唐肅宗李亨（711－762 年）在位期間，共約四百二十六年。南朝梁武帝蕭衍（464－549 年）改東官郡為東莞郡，至公元 589 年（開皇九年），隋朝撤銷東莞郡，其地歸入南海郡，寶安縣轄地改屬廣州府南海郡管轄，香港仍屬寶安縣轄地。

隸屬東莞縣管轄時期

唐朝於公元 757 年（至德六年）將寶安縣改稱東莞縣，當時嶺南道廣州都督府的轄地，包括南海、番禺、增城、四會、化蒙、懷集、東莞、清遠、洊水、湞陽十個縣。在此之前，唐朝已

於公元 736 年（開元二十四年）設置屯門軍鎮，隸屬安南都護府，該軍鎮管轄今寶安縣沿海及香港新界。五代時，東莞縣歸屬南漢興王府；香港隸屬東莞縣的建制，沿襲至明初。1381 年（洪武十四年），明朝在東莞縣設東莞守禦千戶所。香港隸屬東莞縣的建制一直維持至 1573 年（萬曆元年），共約八百一十六年。

隸屬新安縣管轄時期

明朝官府於 1573 年把東莞縣南部濱海地區劃為新安縣。清初沿襲明制，1666 年（康熙五年）裁撤新安縣，併入東莞縣，至 1669 年（康熙八年）重建新安縣，香港地區均屬新安縣管轄，其後因清朝與英國簽訂三個不平等條約而有所改變，香港島於 1841 年（道光二十一年）「割讓」給英國，九龍半島於 1860 年（咸豐十年）「割讓」給英國，新界及離島於 1898 年（光緒二十四年）「租借」給英國九十九年。一些記載說新安縣管轄香港至 1841 年為止，約兩百六十八年，其實是不準確的，這只是指香港島而言；九龍半島至 1860 年都是歸新安縣管轄，約兩百八十七年；新安縣管轄新界及離島則至 1898 年，約三百二十五年。

總的來說，在鴉片戰爭以前，香港島上有清朝正規軍駐守，保衛中國南部海疆；人民建立了一些大小村落，主要以捕撈、耕種、打石等為業。在 1860 年以前，九龍半島不僅是廣東海防要地，清政府在這裏建有寨城，經濟和文化均有相當程度的發展。英國強租新界之前，清政府已在區內建立了比明代更完備的防衛系統和政權機構，新界地區的社會經濟和文教事業，已有較大的發展。[1]

上圖 ——新安縣古縣城，位於今廣東深圳南頭古城，後經重修。
下圖 ——清代新安縣衙，位於今廣東深圳南頭古城，後經重修。

香港地名的由來和變化

香港地區的地名，最先出現在中國史書中，應是見於《新唐書》卷四十三上〈地理志〉中的「屯門」，已如前述。宋時則有「大奚山」、「佛堂門」等名稱，明代《鄭和航海圖》中亦著錄了香港範圍內的一些地名。

「香港」作為現時香港島全島的名稱，正式的記錄始見於 1842 年（道光二十二年）中英雙方簽訂的《南京條約》，該條約第三款載：「今大皇帝准將香港一島予英國君主暨嗣後世襲主位者，常遠據守主掌，任便立法治理。」在此之前，香港島並無統一的稱謂，只有局部地域的名稱，例如「香港圍」等；此外，也出現過幾個用來代表整個島嶼的名字，包括「裙帶路」、「赤柱山」和「紅香爐」。至於香港名稱的由來，也眾說紛紜，各有所據，但均莫衷一是。

關於香港的早期名稱

（一）香港圍 —— 清初，「香港圍」是指香港島南部的一個小漁村，在現時香港仔石排灣附近一帶，因常受海盜騷擾，築有圍牆自保，所以被稱為「香港圍」，也有叫做「香港村」的。

（二）裙帶路 —— 這名稱的含意有兩種說法：其一，此地的農家為了在島上種田和砍柴，修築了許多蜿蜒曲折的羊腸小徑，農田與路徑縱橫交錯，從遠處望去，很像一條百褶裙的裙帶。其二，香港島西北部的山腰上，原有一條漁船船夫行走時經過的小路，彎彎曲曲像一條裙帶，廣東、東江一帶的人最初遠赴南洋群

島，大都經過裙帶路出海，裙帶路的名稱就這樣廣泛地傳開了。

（三）赤柱山 —— 據說香港某年因受颱風侵襲，樹木多遭摧毀，只有一株高大的木棉樹，枝葉雖然都被颳掉，樹幹仍然屹立於佈滿石頭的山上，遠看有如一光禿禿的圓木柱，所以叫該島為「赤柱山」。1819 年（嘉慶二十四年）王崇熙撰修的《新安縣志》內，就有關於赤柱山的描述，而且強調是「海外藩離」，可參見上文。

香港名稱的確定

據說英國海軍初次抵達香港島，在尋找停泊港口時，遇到赤柱村一個叫做陳群的蜑民，把他們帶到避風港，再經香港圍、薄扶林去到島嶼的北部。路經香港圍時，英人詢問地名，陳群用蜑語回答說是「香港」，英人就用英文「Hong Kong」記錄下來。因此英人就把初次經過的地方名稱，當作是全島的總稱。[2] 後來把「香港圍」一帶的地方叫做「香港仔」，就是「小香港」的意思。

其實早在明朝萬曆年間（1573－1619 年），郭棐撰修《粵大記》，書中附有一張《廣東沿海圖》，已見有用「香港」作香港及鄰近地區的名稱。但鴉片戰爭時期，清朝官方仍視「香港」為局部地區的名字，1841 年（道光二十一年），農曆三月間，兩廣總督祁𡎴（1777－1844 年）和廣東巡撫怡良（1791－1867 年）奉旨調查琦善的罪行後，在奏報中提到大鵬協副將賴恩爵稟稱，英國人「前求香港與之寄居，意不重在香港，而重在裙帶路與紅香爐」，並且一再強調英國人「名則求香港，實則欲佔全島」。後來在《南京條約》中，清廷始正式把「香港」作為全島的名稱，

「割讓」香港，就是指香港島。

香港名稱的由來

香港名稱的由來，有莞香、香江、紅香爐、香姑四種說法，略述如下。

（一）莞香說 —— 莞香原出自越南、泰國、印度等地，在唐代以前傳入廣東，東莞縣在宋時開始普遍種植，並遠銷內地各省以至日本。東莞南部和新安（包括香港島在內）生產的莞香，都是先從陸路運抵九龍的尖沙頭（現時尖沙咀）的碼頭，稱為「香埗頭」，再用船載到香港島東南部的一處港灣集中存放，然後用槽船將莞香運到廣州。香港島的這個小港灣成為莞香集散地，因而得名「香港」，港灣周圍的農村，也就被人稱為「香港村」。[3]其後由於莞香種植業日漸衰落，「香港」改為堆石塊轉運到廣州，所以又有「石排灣」之名，但香港村的稱呼一直沒有改變。

（二）香江說 —— 香港島上有一條最大的溪，流經東南部的石排灣注入海中，溪水清涼可口，香味宜人，因水質優良，島上居民和經過的船隻，常到溪中汲水飲用，此溪遂有「香江」的美稱。1819 年（嘉慶二十四年）修成的《新安縣志》中，就有以下的記載：

> 鰲洋甘瀑，在七都大洋中，有石高十丈，四面咸潮，中有泉水飛瀑，自天而下。[4]

古代新安八景中的「鰲洋甘瀑」，就是指此。

十九世紀初，香港仔附近的瀑布是外國商船汲取淡水的來源。

1833 年，英國人斯丹頓（George Staunton）給英國下議院的報告書，也提到這條溪水，他說：「在十八世紀，商船時時到這個島上來避風汲水。島上有一條清溪，名叫香江，是顯著的天然景物。英國的船長時常到來，所以對於這個港口相當熟悉。」[5]

（三）紅香爐說 ── 相傳古時有一個紅香爐從海上漂到香港島銅鑼灣海邊，居民認為是天后顯靈，於是趕快從海上把紅香爐撈起，立天后廟供奉。廟後面的山峰因而稱為「紅香爐山」，廟前面的海灣稱為「紅香爐港」。也有人認為，「紅香爐」是天后廟前面孤立於海中的一個小島，形狀似紅香爐，因而得名，天后廟後面的山就被稱為「紅香爐山」或「紅香爐峰」了。清代康熙、雍正年間，曾在該處設置「紅香爐汛」，派清兵駐守。

《新安縣志》中同時有「紅香爐山」和「香港村」之名，分指不同地點是很明顯的。1841 年（道光二十一年），閩浙總督顏伯燾說：「香港為商船內駛必由之路，其島曰紅香爐，上有營汛居民，並非偏僻小島可比。」[6] 該島的港口稱為「紅香爐港」，簡稱「香港」。若據此說，則「紅香爐」是香港島的名稱，港口叫做「香港」，相當於現時所稱的維多利亞港。

（四）香姑說 ── 嘉慶年間（1796 – 1820 年），以林某為首的一股海上武裝勢力，活躍於伶仃洋一帶，後來被清朝水師將領李長庚擊敗。林某逃難，死於台灣，餘部在其妻劉香 ── 人稱「香姑」的帶領下，轉而佔據香港島。香姑擁有二百餘艘船隻，強盛時曾攻入香港西北面的南頭等地，後經官府數度圍剿，其勢力才趨於消亡。由於香姑佔據過香港島，所以島名就叫做「香姑島」，簡稱「香島」。

九龍名稱的由來

南宋首都臨安（今杭州）於 1276 年（德祐二年）被元兵攻陷，宋恭帝被挾北去。益王昰被擁為帝，是為宋端宗，改元景炎，其弟廣王昺被加封為衛王，由張世傑、陸秀夫等大臣護送南下，從福建泉州經廈門到廣東潮州，再由惠州甲子門輾轉經香港地區的梅蔚（即今大嶼山梅窩）到了現在的九龍地區。

據說有一天兄弟二人登山，宋帝昰環視四周青山綿延，八峰競秀（應是現時所稱的八仙嶺），於是對群臣說，每座山都是一條龍，八座山正好是八條龍。陸秀夫答道：「陛下貴為天子，也是一條龍。」宋帝昰點頭同意，從此「九龍」的名稱就在民間流傳下來。[7]

大嶼山的不同名稱

大嶼山古時又名大奚山、大漁山、大姨山，現時本地人將「嶼」字讀成「漁」音。清代康熙年間（1662－1722 年）的《新安縣志》謂「山有三十六嶼，周回二百餘里，山下有村落十餘，多鹽田。」明代廣東東莞人祁順有《大奚山》一首，詩云：

> 滄海波濤闊，奚山島嶼多。
> 空中排玉筍，鏡面點青螺。
> 洞古雲迷路，岩深鳥佔窩。
> 昔人屯戍後，遺蹟半煙蘿。

祁順，字致和，1460 年（天順四年）進士，1474 年（成化十年）曾出使朝鮮，後為江西左布政，著有《石阡志》等。此詩由遠景到近貌，由寫實到懷古，既描繪了大嶼山的景色，又表達了詩人的情懷。

註釋

1　余繩武、劉存寬主編《十九世紀的香港》，頁 12－19。

2　蕭國健著《香港前代社會》（香港：中華書局〔香港〕有限公司，1990 年），頁 10。

3　黎晉偉編《香港百年史》，載永言君〈香港地名考〉，謂 1759 年（乾隆二十四年）周啟文在香港仔海灣的東北岸開建村落，名為「香港村」，隸官富巡檢司所管屬的村莊之一。周啟文是近人周壽臣爵紳的先祖。

4　《新安縣志》，卷十八，〈勝蹟略〉。

5　丁又著《香港初期史話》（北京：生活・讀書・新知三聯書店，1958 年），頁 26。

6　文慶等編《籌辦夷務始末》（道光朝），卷三十，頁 27。

7　許錫揮、陳麗君、朱德新著《香港簡史（1840－1997）》，頁 7。

Chapter

8

香港居民和
歷代社會經濟

一　香港本地居民和外來移民
二　香港的古塔和民居分佈
三　主要行業和經濟進程

香港地區有人類生活，遠自六千年前；由秦代至唐代，逐漸形成四大民系。宋代以來，「新界五大族」等已在本地生息繁衍；明清時期，本地的民生活動就愈來愈頻繁了。

隨着人口的增加，社會經濟日益昌盛。近代以來，香港的商業貿易、貨物轉運都很發達，其實早在古代，香港地區就已有幾種主要行業著名於時了。在漫長的經濟發展過程中，漁業、農業、香料業、採珠業、製鹽業曾是本地經濟的五大支柱。

現時新界地區列為香港法定古蹟的，不下數十處之多，包括廟宇、民居、祠堂和書院等，從中可以反映出自古以來，本地的四時節慶和宗教活動是很旺盛的。分佈於各族各區中的書院、書屋等，在在說明了居民重視子弟教育的情形。

香港本地居民和外來移民

先秦時期的香港居民

在距今六千多年前的新石器時代中期，香港地區已有人類居住。有一說認為，據考古發現，以其文化與湘北湯家崗文化的相似性推斷，極可能是從湖北南遷而來。[1]

新石器晚期，居住在五嶺南北的古越人和傜人、峯人等大量遷入，成為香港地區的主體居民。春秋戰國時期，在香港地區居住的是百越部族。據《漢書》卷二十八下〈地理志〉載：「自交趾至會稽七八千里，百越雜處，各有種姓，不得盡云少康之後也。」

秦至唐代的香港居民

秦始皇統一中國後，為了鞏固中央對地方的統治，戍邊開發嶺南，強遷移民到廣東各地。西漢、東漢、三國、晉、南北朝、隋、唐時期，或因為征戰，或由於避難，或為了謀生，或從事商貿，中原人民曾數度南遷，香港地區逐漸形成三大民系以至四大民系，彼此之間相互融合，共同發展。

秦漢以來，中原移民南下，進入華南地區的新移民，漸漸以方言和其他文化特質為表徵，形成廣府（粵語）、客家（客語）、福佬（閩南語和潮州語）三大民系。他們基本上承襲中原文化，生活習俗和生產方式則有各自的獨特性，當中以粵語系的居民為數最多，影響較大。廣府人、客家人、福佬人加上蜑家人，成為四大民系。[2] 現時香港地區的人口構成，以廣府人、客家人、潮州人為主。

宋元時期的香港居民

自宋代開始，從內地遷入香港地區的居民逐漸增多，並且落地生根，繁衍後代。當中最主要的是鄧族、侯族、彭族、廖族和文族，併稱「新界五大族」。直至清代，五大族已創設墟市作為貿易中心，且於村內建學舍作育子弟，科名顯赫。[3]

北宋時，江西吉水人、承務郎鄧漢黻任滿辭官之後，於公元973年（開寶六年）舉家遷居岑田（今新界錦田），成為新界鄧氏始祖。進士侯五郎（廣東番禺人）亦於北宋時率族人到上水定居，成為新界侯氏始祖。南宋時，潮州知事彭延年後人桂公遷入粉嶺龍山，成為新界彭氏始祖。元朝末年，福建汀州的廖仲傑率族人

南遷，後至上水雙魚河定居，成為新界廖氏始祖。文天祥堂弟文天瑞的後人文孟常，於元代末年率族人遷入大埔，成為新界文氏始祖。（表三）此外，還陸續有其他氏族到來開村墾荒。

岑田改名為錦田是在明朝萬曆年間（1573－1615 年），於此需要先作交代。據鄧氏族譜記載，1587 年（萬曆十五年），寶安縣西部發生嚴重旱災，義倉耗盡，縣令邱體乾親自到各鄉籌賑，但各鄉捐助的米糧都不多，唯獨岑田水屋村的鄧元勳慷慨捐穀一千兩（約十二萬斤）。邱體乾以其地為錦繡之鄉，因而改鄉名為錦田；顧名思義，錦田就是錦繡良田之意。

北宋時，鄧漢黻的曾孫鄧符（字符協）於 1069 年（熙寧二年）出任廣東陽春縣縣令。他卸任後，定居於岑田，並遷祖墳到元朗一帶，因而被區內族人尊奉為錦田一世祖。鄧符在桂角山下創建

表三
新界五大家族一覽表

家族	新界各族始祖	遷入時期	遷居地點
鄧氏	鄧漢黻	北宋開寶六年	岑田（今錦田）
侯氏	侯五郎	北宋	上水
彭氏	彭桂公	南宋	粉嶺龍山
廖氏	廖仲傑	元朝末年	上水雙魚河
文氏	文孟常	元朝末年	大埔

力瀛書院，成為區內第一所學舍。南宋時，岑田鄧炎龍以諸生應漕舉科，以賦才中式鄉解元，也是區內的大事。

十二世紀時，鄧符的曾孫分立為五大房：鄧元英，居東莞福隆；鄧元禧，居東莞溫塘；鄧元禎，尊為屏山一世祖；鄧元亮，居錦田；鄧元和，居東莞懷德。金人南侵時，鄧元亮於戰亂中救了南逃的皇姑，把她許配給兒子鄧惟汲（自明），夫婦隱居於岑田，生四子：鄧林，居龍躍頭；鄧杞，居東莞；鄧槐，居大埔頭；鄧梓，居錦田。鄧惟汲去世後，獲追封為郡馬，並賜良田及產業，四子皆封國舍。[4]

至於新界侯族，最早發展於「上谷郡」，即今河北省中部及西部一帶，宋時由中原南遷至廣東。據《河上鄉侯氏族譜》記載，北宋末年，侯氏先祖侯五郎由番禺遷居寶安縣；自侯五郎下傳至明朝，十一世祖侯卓峰因見河上鄉擁有廣闊的農田，且鄰近雙魚河，水源充足，遂開基於河上鄉，至今已有六百多年的歷史。侯卓峰有五個兒子，因而分為六大房，聚居於河上鄉及金錢、丙崗、燕崗及孔嶺等村落一帶。

河上鄉位於上水石湖墟西北的排山峰嶺山下，東鄰雙魚河，南接古洞，西傍鳳崗。據《新安縣志》（1688年版）記載，河上鄉古時稱為河尚鄉。現時河上鄉分為南邊圍、北邊圍、中心村、松園新村，鄉內有不少富歷史價值的文物建築，包括居石侯公祠、洪聖古廟、排峰古廟等。每年農曆二月十三日的洪聖誕，侯氏族人均會進行慶祝活動，並於洪聖廟前的空地舉行搶花炮儀式。[5]

此外，元代末年，吳成達由東莞縣靖康場白石村遷到九龍灣畔，開村定居，名為「衙前圍」。吳成達就是衙前圍吳氏的始祖。[6]

明清時期的香港居民

新界五大族聚族而居，築圍自衛，形成著名圍村，包括鄧氏的吉慶圍、廖氏的圍內村、文氏的仁壽圍、彭氏的中心圍等等。五大族還開辦墟市，促進貿易，例如鄧氏開辦的元朗墟，文氏、彭氏開辦的新大埔墟，廖氏、侯氏及鄧氏開辦的石湖墟等。此外，明代相繼遷入新界的，還有溫、朱、袁、黎、徐、胡、陳、謝等大族，他們共同為社會的發展做出了貢獻。

新界鄧族先是居於錦田，至今已有八百多年，先後建立了五圍，即南圍、北圍、吉慶圍、泰康圍、永隆圍，以及不少村落如水頭村、水尾村、祠堂村等。鄧氏族人興辦了不少學舍，包括周王二公書院、二帝書院、泝流園、長春園等；還有宏偉的祠堂供奉先祖，如清樂鄧公祠、鎮銳鄧公祠等。鄧族亦有分支到別處的，包括龍躍頭、廈村、大埔及屏山等地。鄧惟汲幼子鄧梓留居錦田，至第十五世，有嗣子鄧洪儀及鄧洪贄，鄧洪儀仍居錦田，被奉為錦田派開基祖，他的四個兒子鄧欽、鄧鎮、鄧銳、鄧鋗均居於錦田，鄧鎮的子孫分居元朗英隆圍；鄧洪贄遷居廈村，十三世紀時，鄧元亮房一支遷居至大埔頭，建立水圍村；圍內村屋排列井然，村的四角，均建有炮樓。至二十世紀初，因興建九廣鐵路，將水圍村分成水圍及大埔頭兩村。大埔頭村內有敬羅家塾，是鄧族的宗祠及書室；該村曾築有一座三層高的更樓，作為守衛之用，後於 1980 年代拆卸。[7]

清代遷入新界的各族人士，為數更多。例如沙頭角禾坑村李族為客家人，其遠祖於宋代末年定居福建；清朝初年，李德華、李權林父子於 1680 年代後期遷至新安縣禾坑，從事耕作，並擇地

建村，日後稱為上禾坑。李權林次子的後人其後遷到鄰近地方，約於 1730 年（雍正八年）及 1750 年（乾隆十五年）分別建立下禾坑、禾坑大朗二村。李氏族人在禾坑村建有鏡蓉書屋，專門作為教學用途。[8]

香港的古塔和民居分佈

元朗屏山鄧族與聚星樓

早在十二世紀時，新界鄧族七世祖鄧元禛和他的獨子鄧從光（字萬里）由錦田遷居屏山，逐漸建立了「三圍六村」，即上璋圍、橋頭圍、灰沙圍、坑頭村、坑尾村、塘坊村、新村、新起村及洪屋村，並先後建祠堂、廟宇、書室及古塔等，作為供奉祖先、團聚族群和教育子孫之用。[9]聚星樓是香港現存唯一的古塔，據屏山鄧氏族譜所載，這座六角形的古塔乃鄧族第七世祖彥通公所建，已有超過六百年的歷史。該塔以青磚砌成，約十三公尺高，分為三層，上層供奉魁星。聚星樓是為了鎮水災及改善地方風水而興建的，與青山風水遙相配合，亦可護佑族中子弟在科舉中考取功名。事實上鄧氏歷代人才輩出，士人及為官者甚多。2001 年 12 月 14 日，聚星樓被列為香港法定古蹟。

元朗厦村的村落

厦村位於元朗西北，毗鄰屏山和后海灣，是新界鄧族聚居的地方之一。根據厦村鄧氏族譜記載，鄧族先祖在九百多年前已在

元朗屏山聚星樓，是香港現存唯一古塔，已有超過六百年的歷史。

香港居民和歷代社會經濟

元朗錦田定居，至明朝初年，鄧氏十四世祖鄧洪贄、鄧洪惠率領族人由錦田遷居廈村，並建東西頭里。其後子孫繁衍，相繼開闢了多條村落，包括東頭村、巷尾村、羅屋村、祥降村、新圍、錫降村、錫降圍等。

元朗廈村鄧氏宗祠原位於東西頭里之間，就是為了紀念廈村鄧氏第九世祖鄧洪贄、鄧洪惠兩位先祖開基而興建的；至廈村鄧氏第十八世祖鄧作泰，才遷至現時的祠堂。縣掛於祠堂中進的「友恭堂」木匾，就是取兄友弟恭之意。鄧氏宗祠正門東西兩邊建有鼓臺，兩鼓臺上放置了一門古炮；宗祠前的廣場，豎上了一座高約一米的風水牆（照壁）。[10]

粉嶺龍躍頭的民居

（一）粉嶺龍躍頭老圍門樓及圍牆 —— 十三世紀時，龍躍頭鄧族由錦田移居此區，先後建立了「五圍六村」，即：老圍、麻笏圍、永寧圍、東閣圍（又稱嶺角圍）、新圍（又稱觀龍圍），及麻笏村、永寧村（又稱大廳）、祠堂村、新屋村、小坑村、觀新村。龍躍頭位於粉嶺聯和墟東北面，俗稱龍骨頭，亦稱龍嶺，該處有山名龍躍嶺，相傳有龍跳躍其間，因而得名。[11]老圍是五圍中最早建立的圍村，四周築有圍牆。原先的圍門是北向，但因風水理由，圍門被改建為東向。老圍曾多次改建，但原本的圍牆結構和圍村佈局，仍保存得頗為完整。[12]

（二）粉嶺龍躍頭觀龍圍門樓 —— 觀龍圍又名新圍，是粉嶺龍躍頭十一鄧姓村落之一。鄧氏宗族據說在十四世紀時已在此建村，但圍牆可能遲至十八世紀才興建，因圍村門樓的石額刻

上圖 ── 元朗廈村鄧氏宗祠中的「友恭堂」木匾

下圖 ── 友恭堂內牌匾

有「觀龍乾隆甲子歲」字樣，按即 1744 年。觀龍圍四面有磚牆環繞，圍內佈局基本依舊，是本區保存得最完好的圍村。圍村門樓於 1988 年被列為法定古蹟，並已修復完好。[13] 觀龍圍門樓公告為古蹟後數年，圍村司理進一步同意將該村的圍牆及四角的更樓列為古蹟。當時圍牆及更樓部分已倒塌，修繕工程由政府資助，於 1994 年完成。[14]

（三）粉嶺龍躍頭麻笏圍門樓——麻笏圍是清朝乾隆年間（1736－1795 年）由鄧氏族人所建，乃龍躍頭著名的五圍六村之一。龍躍頭鄧族由錦田鄧族分支而來，據鄧族族譜記載，龍躍頭先祖乃南宋皇姑的長子，因此皇姑的神位仍供奉於龍躍頭主祠松嶺鄧公祠之內。麻笏圍原本四周建有磚牆，四角建有更樓，但大部分圍牆及四個更樓已遭拆卸，只留下具有歷史價值的門樓。門樓上刻有「鬱蔥」字樣，寓意春蔥生長茂盛之地。門樓於 1994 年被列為香港法定古蹟，由政府斥資重修。上述三處，均已列為香港法定古蹟。[15]

元朗和荃灣的民居

（一）元朗新田大夫第——文氏的先祖自十五世紀已在新田定居，1865 年（同治四年），文頌鑾建大夫第，是香港最華麗的傳統建築之一，並以其精巧的建築裝飾而著名。文頌鑾是文氏二十一世族人，因樂善好施，深得鄉黨推重，獲清朝皇帝賜封大夫銜。大夫第是傳統華南士紳階級府第建築的典型，前後都有廣闊的庭園，四周有青磚牆環繞，正面青磚牆的下方，有花崗條石牆基，牆頭的裝飾以陶塑及彩塑壁龕為主體。正門門框用花崗條

石砌築，門楣上有大夫第紅漆金字牌匾。船形正脊上精巧的人物陶塑，是廣東佛山石灣文如璧窰燒製。[16] 其後由香港賽馬會資助，於 1988 年完成修葺工程，現已被列為香港法定古蹟，開放予市民參觀。大夫第的地址在元朗新田永平村。[17]

（二）荃灣三棟屋村 —— 三棟屋是典型的客家圍村，1786 年（乾隆五十一年）由陳姓客家人建立。十八世紀中期，陳氏家族從廣東移到香港，擇居荃灣，並且填平沿海的土地，作為耕種之用。三棟屋原先只有三列房舍，是族長陳任盛所建，正廳位於中軸線上，擺放了陳氏先祖的神位，面向正門，正門石楣上刻有「陳氏家祠」四字。陳任盛的後人其後在村的兩旁和後面加建房舍。三棟屋於 1987 年全面復修，竣工後成為三棟屋博物館，開放予市民參觀。現已被列為香港法定古蹟，地址在荃灣古屋里。[18]

（三）荃灣海壩村古屋 —— 荃灣海壩村原為客籍人士於十八至十九世紀所建，後與附近一帶發展為德華公園。內有古屋，坐落於海壩村第九一七號地段，是 1904 年（光緒三十年）以夯土、青磚和木材建造而成，建造者是村內飽學之士邱元璋（1865－1937 年）。該古屋為中國南方傳統鄉村建築特色的典範，現已被列為香港法定古蹟，地址在荃灣德華街德華公園。[19]

沙田王屋村古屋

位於沙田圓洲角西南端的王屋村，是清朝乾隆年間由原籍廣東省興寧縣的王氏族人建立。十九世紀時，從廣東南下九龍的旅客和貨物，均以圓洲角為交通樞紐，王屋村遂成為商旅的貿易站，王氏族人曾在古屋旁開設義利客棧，提供旅客所需。直至

十九世紀末葉，尤其是二十世紀初，政府建立連接新界和九龍的運輸網絡後，圓洲角的重要性隨而減低。隨着沙田海不斷填土以發展沙田新市鎮，王屋村很多古老建築已荒廢及拆卸。僅存的這間古屋，約於 1911 年（宣統三年）由王氏第十九代祖先王清和興建，古屋樓高兩層，以青磚和花崗石築砌而成，內有精美的壁畫和傳統裝飾，是圓洲角的歷史標記。[20]

王屋村古屋是典型的傳統客家民居，屬兩進一天井三開間建築。金字屋頂以桷板、檁條和客家式瓦片構成，牆基用大量花崗石塊建造，正門入口以細琢花崗石為門框，安裝了稱為「趟櫳」的傳統木柵拉門。建築物前院，有一堵花崗石矮牆。花崗石在當時是一種較為昂貴的建築材料，由此可見王氏族人經濟富裕的情況。古屋的佈局和大部分建築特色，大致上都保持完好。1990 年代開始進行修復工程，於 2006 年 11 月竣工。[21]

港島的早期民居

1841 年英軍登陸香港島之前，此地已有民居和廟宇，分別位於柴灣、銅鑼灣、薄扶林和鴨脷洲，可見香港島在十八世紀並不是一個渺無人煙的地方。王韜在 1870 年代撰〈香港略論〉一文，提到薄扶林有島上最早的民居，他說：

> 博胡林〔薄扶林〕一帶有屋二十餘家，依林傍澗，結構頗雅，相傳自明季避亂至此。蓋自桂藩〔南明桂王朱由榔〕之竄，耿逆〔清初靖南王耿精忠〕之變，遺民無所歸，遠避鋒鏑，偷息此間，不啻逃於人境之外。此為蹟之最古者矣，至於他所記載，無聞焉。[22]

羅屋是一間有二百多年歷史的客家村屋，在柴灣區幾條古老村落中是碩果僅存的。清朝康熙年間（1662－1722年），屋主羅氏先祖在柴灣定居，以種稻為生，生活清苦。十八世紀初，約有三百名客家人在柴灣建立了羅屋、成屋、藍屋、陸屋、西村及大坪村，客家人稱「村」為「屋」，所以他們聚居的村落名稱多帶有「屋」字。[23] 羅屋的中央為正廳、廳外有天井，左右兩旁是建有閣樓的房間、儲物室及廚房。現時羅屋已重修，闢作羅屋民俗館。地址是柴灣吉勝街十四號。[24] 該博物館利用民俗藏品，包括傢俬、農具、日用品等，復原了村屋的內部面貌，充分反映出客家人儉樸和刻苦的生活方式。[25]

主要行業和經濟進程

漁業

香港地區瀕臨南海，島嶼眾多，港灣縱橫，海岸線長達八百七十公里。本港海域內有眾多魚類，品種豐富，是漁業發展的良好地方，所以居民不少都以捕魚為生。春秋戰國時期的古越人，就已開始從事漁業，歷久不衰，一直延續至近代。

不過，漁業只是香港居民基本的作業之一，如果把「割讓」給英國前的香港視為一個人煙稀少的「小漁村」，這種說法是不正確的。以此作為近代香港迅速發展的對比，是抹煞了本地歷來的社會經濟實況。

農業

香港是山地丘陵地區，可耕地面積佔土地總面積不到十分一，整體來說，是不利於發展農業的。但香港地區的西北部，有上水、石崗、元朗三片平原；香港島和九龍半島，也有一些山間谷地。這些地方可供本地居民和外來族人墾荒種植，開基立業，所以農業一直是本地最重要的傳統產業，盛產稻米和蔬果。

香港地區在清代時仍以農業為主要行業，出產水稻，又種植麥、菽、蔬、果、茶等農產品，作為副業的畜牧業也有一定發展。

香料業

香港地區在宋代時開始普遍種植香樹，至明清時期最為鼎盛。屈大均在《廣東新語》中說：「當莞香盛時，歲售逾數萬金。」香港出產的莞香，遠近聞名，沙田瀝源堡和大嶼山沙螺灣等地的莞香，品質尤佳。

清初，香料業因「遷界令」而遭到沉重打擊，香農廢棄家園內遷，香樹種植一落千丈。復界之後，雍正年間，又發生了徵收香樹杖殺里役事件，令香農紛紛毀林逃亡，本地的香料業從此一蹶不振。

採珠業

五代南漢時期（917－971 年），香港是重要的採珠基地，新界東部的大埔海（現時吐露港一帶）盛產珍珠，被稱為「媚珠池」。公元 963 年（大寶六年），南漢後主劉鋹在大埔設置名為「媚川都」

的軍事組織，專門管理採珠業，招募三千名採珠人員潛水採珠，並派二千多名軍人駐守加以保衛。當時香港的媚珠池和廣西合浦的採珠池，同為中國兩大著名的採珠基地，出產的珍珠，在海內外享有美譽。

許地山指出，南海自古是採珠的場所，近的如合浦、珠崖，遠的直沿安南海岸到馬來半島，乃至錫蘭。縣志古蹟記，「媚川郡，在城南大步海，南漢時採珠於此，後遂相沿，重為民害，邑人張維寅上書，罷之」。大步海應是大埔面前的海，南漢時代的採珠池雖然時代稍晚，也可以假定以前也是曾採過的。[26]

採珠業不但艱苦，而且很危險，因為採珠人一般是把石頭捆縛在腳上，然後墜入海中，有時甚至要潛到深處，溺斃的情況時有發生。史稱「每以石錘其足，入海至五七百尺，人溺而死相屬也。久之，珠充積內庫，所居殿宇樑棟簾箔，率以珠為飾，窮極華麗。」宋太祖趙匡胤（927－976年）於公元972年（開寶五年）消滅南漢後，下令廢除媚川都，嚴禁採珠，將年輕力壯的採珠人編入「靜江軍」，老弱者則遣返原籍。元時，下詔開禁，於1279年（至元十六年）編艇戶七百家為採珠人，鼓勵採珠。但到了明代，大埔海的珠蚌由於長期濫採，漸至消亡。清代康熙初年，永禁官採，香港的採珠業，也就趨於式微了。

製鹽業

香港由於地處南海海域，有利從事製鹽，鹽業已有二千多年的歷史，而且發展迅速。西漢時，漢武帝於公元前119年（元狩四年）實行鹽鐵官營政策，在番禺設鹽官駐於南頭，香港地區的鹽

場歸其管轄。吳末帝時，於公元 265 年（甘露元年）在番禺設司鹽校尉，監管珠江口東部包括香港在內的鹽場，稱為「東官場」。南漢時，政府於公元 971 年（大寶十四年）在九龍半島的九龍灣西北部開設官富場鹽場，該鹽場鼎盛時，曾名列廣東十三大鹽場之一。二十世紀後期，香港政府在重新發展該區時，認為「鹽田」的名稱不好聽，於是以字形相似的字眼代替，改名為「藍田」。

宋代設鹽官駐守官富寨，並派摧鋒水軍三百名加以保衛。明代設官富巡檢司，進一步加強對此處鹽業的管理。鹽業的不斷發展，促進了本地的經濟，但清初受到「遷海令」的影響，香港地區的製鹽灶戶全部內遷，致使本地的鹽田荒廢。復界之後，九龍、大澳、屯門等地重新開闢鹽田，但因原有鹽戶並非全部遷返，而新遷入的人家又不懂煮鹽技術，產量和品質都已大不如前。順帶一提，九龍的「官塘」亦與此相關，後來漸漸改稱「觀塘」，官氣全消了。

康熙年間（1662－1722 年）成書的《新安縣志》中，有佚名撰《鹽家背語》一首，以近似隱語的形式寫香港地區煮鹽的情況，表達了勞動的艱辛和自豪，詩云：

> 雨飛不帶雲，日烈方凝雪。
>
> 井滴無源泉，竹鑄牢盆鐵。
>
> 茅藏蓄水池，屋發隆寒熱。
>
> 目不見興薪，始見湯波竭。

詩的大意是說，厈海水淋沙，如無雲自雨，經太陽曝曬後，鹽花色白如雪，第三句註云：「漏管水泉下，井非有源也。」廣東煮鹽不用鐵鍋，是用篾細織而成的竹鍋，表裏都先施以蜃灰，再塗上泥，稱為「牢盆」。水漕怕雨淋，因而以茅覆蓋；鹽灶火氣蒸騰，即使在天氣嚴寒的時候仍感燠熱。整車的柴都燒盡了，熱沸的海水才煮成鹽。如非親歷其過程，是難以寫成這樣貼切的詩的。

香港的窰址

　　1920 至 1930 年代，香港赤鱲角深灣村就已發現唐代的古窰址，出土碗、碟、罐等青瓷器，其胎釉質地較粗，火候較低。香港唐窰為平焰式圓窰，這是適應香港地區海灣環境，因地因材質發展的緣故。[27] 以下是香港地區內的窰址：

　　（一）赤鱲角虎地灣灰窰 ── 1960 年代初，在赤鱲角虎地灣岸邊發現這座灰窰。其後香港考古學會於 1982 年在該窰址進行發掘，從灰窰內的積土中取得煙煤作碳十四測試，測定年代約為公元 610 年至 880 年間，推斷該灰窰應建於唐代，在香港地區內發現的灰窰中，這是較為完整的一個。1991 年，為配合赤鱲角新機場工程，古物古蹟辦事處獲駐港喀喀工程軍團的協助，將虎地灣灰窰由赤鱲角遷至東涌小炮台毗鄰保存及展示。[28]

　　（二）大埔碗窰村碗窰 ── 大埔碗窰村曾是新界的陶瓷工業中心，早在明代，文、謝兩族已在該處經營窰場，生產青花瓷器。清代初期，客籍馬氏族人於 1674 年（康熙十三年）從廣東長樂縣南遷至大埔，向文氏出資購入窰場。全盛時期該處窰場不只一家，工人多達三數百人。年產超過四十萬件，產品一度遠銷至

馬來亞。[29] 至二十世紀初期，由於廣東沿海其他窰場的廉價產品競爭，碗窰的陶瓷業日趨式微，於 1932 年停產。1999 年 12 月 30 日，大埔上碗窰已被列為香港法定古蹟。[30] 這是華南地區最具規模的青花瓷工場遺存之一，保存完好。

樊仙宮（又名樊仙廟）位於大埔上碗窰，是上碗窰村和下碗窰村的主要廟宇。一般相信樊仙宮由馬氏宗族興建，以供奉陶匠的守護樊仙大師。相傳樊仙發明用陶土燒製碗，曾與百工祖師魯班比試製碗獲勝，所以從事傳統陶業者，都尊樊仙為陶瓷業祖師。樊仙宮是香港現存唯一的該類廟宇，建築日期已無從稽考，應有二百年以上的歷史，因為懸掛在正廳的木牌匾，是於清朝乾隆庚戌年間雕刻，即 1790 年。木牌匾仍保留至今。最早一次的修繕，是在 1897 年（光緒二十三年）。農曆五月十六日是樊仙誕，村民在廟前上演神功戲酬神，並出會巡行到碗窰鄉各村，賀誕儀式至今仍有舉行。[31]

樊仙宮的建築簡單實用，大門的裝飾則巧奪天工。廟內四壁的窗門連鐵框，是第二次世界大戰後才裝上的。1970 年代中的一場大火，破壞了很多歷史遺蹟。大門上的書法和繪畫，於 1976 年整修時重新髹上。廟內有 1897 年、1925 年、1964 年、1976 年進行修繕工程時，分別設置的紀念碑石。1999 年被列為香港法定古蹟，並開放予市民參觀。[32]

（三）西貢上窰村 —— 西貢的上窰村是十九世紀由原籍廣東省寶安縣的黃姓客家族人所建，建於一高出地面的平臺上，入口處築有搭樓。村內共有一排八所並列的房舍，屋前設有曬坪。村民建窰燒造殼灰，作灰泥及肥田料之用，因而致富；後來由於英

上圖 —— 位於大埔碗窰的樊仙宮

下圖 —— 1897 年（光緒二十三年）大埔碗窰鄉民修繕樊仙宮的碑記

泥及造磚行業的競爭，窯燒工業遂告沒落。上窯村於 1983 年修葺後，闢作民俗文物館。館內陳列各種耕種工具及農村傢具，使人如同置身於客家村落之中。村內的殼灰窯亦已修妥，開放給市民參觀。西貢上窯村位於西貢北潭涌西貢郊野公園內，現已被列為香港法定古蹟。[33]

西貢上窯村，始建於十九世紀，1983 年修葺後成為民俗文化館。

註釋

1 《香江歷程》，頁 32。

2 周佳榮編著《數字世界歷史文化》（香港：香港教育圖書公司，2005 年），頁 103、106。

3 蕭國健著《新界五大家族》（香港：現代教育研究社，1990 年），〈前言〉。

4 古物古蹟辦事處編《二帝書院》（香港：康樂及文化事務署，2015 年）。

5 古物古蹟辦事處編《居石侯公祠》（香港：康樂及文化事務署，2015 年。）

6 蘇萬興著《衙前圍：消失中的市區最後圍村》（香港：中華書局〔香港〕有限公司，2013 年），頁 32－33。

7 古物古蹟辦事處編《敬羅家塾》（香港：康樂及文化事務署，2011 年）。

8 古物古蹟辦事處編《鏡蓉書屋》（香港：康樂及文化事務署，2014 年）。

9 古物古蹟辦事處編《屏山鄧族文物館暨文物徑訪客中心》（香港：康樂及文化事務署，2015 年）。

10 古物古蹟辦事處編《鄧氏宗祠．楊侯宮》（香港：康樂及文化事務署，2016 年）。

11 古物古蹟辦事處編《龍躍頭文物徑》（香港：康樂及文化事務署，2015 年）。

12 網址：http://www.amo.gov.hk/b5/monuments_64.php。

13 網址：http://www.amo.gov.hk/b5/monuments_33.php。

14 網址：http://www.amo.gov.hk/b5/monuments_48.php。

15 網址：http://www.amo.gov.hk/b5/monuments_50.php。

16 古物古蹟辦事處編《大夫第．麟峰文公祠》（香港：康樂及文化事務署，2016 年）。

17 網址：http://www.amo.gov.hk/b5/monuments_32.php。

18 網址：http://www.amo.gov.hk/b5/monuments_10.php。

19 網址：http://www.amo.gov.hk/b5/monuments_31.php。

20 網址：http://www.amo.gov.hk/b5/monuments_39.php。

21 古物古蹟辦事處編《王屋村古屋》（香港：康樂及文化事務署，2010 年）。

22 王韜著《弢園文錄外編》，卷六。

23 香港歷史博物館編《羅屋民俗館》（香港：康樂及文化事務署）。

24 網址：http://www.lcsd.gov.hk/CE/Museum/Monument/b5/monuments_38.php。

25 周佳榮主編《香港博物館與文化考察》，頁 9。

26 許地山〈香港與九龍租借地史地探略〉，《廣東文物》1941 年 1 月。

27 劉茂《嶺南文化百科全書》（北京：中國大百科全書出版社，2006 年），頁 73。

28 古物古蹟辦事處編《東涌懷古》。

29 文物保育專員辦事處編《大埔碗窰》。

30 網址：http://www.amo.gov.hk/b5/monuments_20.php。

31 文物保育專員辦事處編《大埔碗窰窰址》（香港：古物古蹟辦事處，2010 年）。

32 網址：http://www.amo.gov.hk/b5/monuments_69.php。

33 網址：http://www.amo.gov.hk/b5/monuments_13.php。

香港古代以來的
民間信仰

新界的廟宇和祠堂

粉嶺的祠堂和廟宇

（一）龍躍頭松嶺鄧公祠 —— 粉嶺龍山西北面山麓的松嶺鄧公祠，是香港最重要及規模最宏大的祠堂之一。該祠堂約於 1525 年（嘉靖四年）為紀念開基祖鄧松嶺公（1302 – 1387 年）而建，是龍躍頭鄧族的宗祠，供奉歷代祖先木主，宋二世祖稅院郡馬鄧惟汲及皇姑趙氏的木主有龍頭木雕，與其他祖先的木主不同。建築物內外均飾有精緻木刻、彩塑、陶塑及壁畫，以吉祥圖案為題材，充分反映了昔日工匠的精湛技藝。松嶺鄧公祠的全面維修工程得香港賽馬會及政府撥款，於 1991 年開展，在古物古蹟辦事處及建築署古蹟復修組監督下，至 1992 年中完成。1997 年被列為香港法定古蹟。[1]

（二）粉嶺龍躍頭天后宮 —— 天后宮坐落於粉嶺龍躍頭的松嶺鄧公祠及老圍之間，是當地的主要廟宇，始建年份已難以稽考，廟內存有十七、十八世紀之交的文物，據此推斷，已有二百多年歷史。天后宮為傳統兩進式建築，內以天井分隔。廟宇正面飾有精緻的灰塑及壁畫，寓意吉祥。正殿供奉天后及其侍神千里眼和順風耳。右殿供奉土地神位。[2] 後進東面偏殿的兩個銅鐘，是廟內現存最古老的文物。其中一個古鐘鑄於 1695 年（康熙三十四年），乃鄧氏族人為子投契天后的許願酬神之物；另一古鐘則於 1700 年（康熙三十九年）鑄造，是村中子弟出門往省城應試，祈求路上平安的酬神之物，據此亦可知當時村民對教育的重視。天后宮於 2002 年 11 月 15 日列為香港法定古蹟。[3]

松嶺鄧公祠，位於粉嶺龍山，於十六世紀為紀念鄧族開基祖鄧松嶺公而建。

（三）粉嶺坪輋長山古寺 ——粉嶺坪輋長山古寺原稱長生庵，位於禾徑山廟徑，約於 1789 年（乾隆五十四年），由打鼓嶺區的六條村落共同興建，包括萊洞、萬屋邊和坪源合鄉約（包括坪洋、瓦窰下、禾徑山及坪輋）。廟內供奉佛祖、觀音及地藏王。廟徑過去曾是旅客經沙頭角前往深圳的必經之路，因此長山古寺亦一度作為旅客中途歇腳的地方，供應茶水之類的服務。據廟內木匾額所記，現存兩進式的結構，相信是 1868 年（同治七年）重建而成。1998 年被列為香港法定古蹟。[4]

上水河上鄉居石侯公祠

上水河上鄉居石侯公祠始建於明朝末年，據侯氏族譜所載，該祠為侯族十七世祖侯居石（1554－1628 年）所建，從懸於正門的牌匾年份推斷，居石侯公祠曾於 1762 年（乾隆二十七年）進行修繕。該祠至今已有三百多年歷史，是傳統的三進兩院式建築。前院兩旁建有廂房，中進設有供奉歷代祖先神位的神龕。後進樓高兩層，曾用作村校，一樓為課室，地下為老師寢室，學校於第二次世界大戰時停辦。居石侯公祠現時仍是村民祭祖和舉行傳統儀式的場所，也是侯族日常聚會議事的地方。[5]

居石侯公祠正面的鼓臺與門框，都是以紅砂岩建造，紅砂岩是傳統用於重要建築物的貴重材料。祠堂的屋脊，有精緻的灰塑裝飾；建築物內外的駝峰、簷板及繫樑所雕刻的吉祥圖案及民間故事，也極為細緻華美。居石侯公祠於 2003 年 12 月 19 日被列為香港法定古蹟。[6]

上水廖萬石堂

廖氏先祖原籍福建，於明代遷居上水雙魚河，其後廖氏子孫散居附近一帶，十六世紀末建村，即現時的圍內村，並於1646年至1647年（順治三年至四年）間加築圍牆及護城河。1688年（康熙二十七年），廖族成員約有五百人；至十八世紀時，族人甚為顯赫。

1751年（乾隆十六年）建廖氏宗祠，稱為廖萬石堂，除祭祀祖先外，亦用作課學之所。該祠堂屬三進兩院建築，裝飾華麗，到處都是灰塑、木刻、壁畫、泥塑等，題材多為傳統吉祥圖案。從祠堂內功名匾額的數目，可知廖氏子弟考獲功名者眾多，據族譜所載，中式者共有四十七人。族內一位要人廖鴻於1819年（嘉慶二十四年）參與編纂《新安縣志》，並重編廖氏族譜。[7] 1932年，廖萬石堂曾是鳳溪公立學校校址。1983年重修，費用主要由廖族支付。1994年，政府斥資再次重修。現已被列為香港法定古蹟，地址在上水門口村。[8]

大埔天后廟和文武二帝廟

大埔天后廟位於大埔舊墟前近海的地方，建於1691年（康熙三十年），經過多次重修，而成現在的廟貌。文武二帝廟約於一百多年前由大埔七約鄉民合力興建，以紀念現位於富善街的太和市落成。該址現時通常稱為大埔墟。文武二帝廟於1985年由七約鄉公所進行修葺，而由香港政府提供專業意見及資助部分修葺費用。現已被列為香港法定古蹟，地址在大埔富善街。[9]

西貢滘西洲洪聖古廟

西貢滘西洲洪聖古廟是典型的傳統廟宇建築。由於滘西村的居民以捕魚為生，所以集資籌建廟宇，供奉海神洪聖，以保平安。根據地方傳說及從古廟的碑記推測，洪聖古廟建於 1889 年（光緒十五年）以前，一直以來是滘西洲的地區廟宇，不僅供漁民祈福求安，也發揮了團結地方族群的社會功能。每年的洪聖誕，西貢居民均會在滘西洲洪聖古廟及其鄰近空地舉行大型的慶祝活動。

洪聖古廟為兩進三開間建築，門廳置有擋中。正殿神壇供奉洪聖、財帛星君及水仙爺。該廟最近一次修復工程是在 1999 年進行，獲香港賽馬會資助。工程以恢復古廟原貌為原則，由古物古蹟辦事處監督，於 2000 年竣工。在當地村民積極支持和參與下，該項工程榮獲聯合國教科文組織「亞太區二千年文物古蹟保護獎」傑出項目獎。[10]

元朗新田麟峰文公祠

文氏是新界「五大宗族」之一，早在十五世紀已在元朗新田和大埔泰亨一帶定居。麟峰文公祠坐落於新田低地上，建於二百多年前，祠堂屬傳統的三進兩院式建築，是為紀念文氏八世祖文佛保（麟峰）而建的。耆老相傳，祠堂約建於十七世紀末。後由香港賽馬會資助，於 1987 年完成修復工程；1995 年再次修葺，全部工程費用由香港政府撥款資助。現已被列為香港法定古蹟，地址在元朗新田蕃田村。[11]

麟峰文公祠的建築物，採用傳統的三進兩院式結構，石柱雄

偉，斗拱雕刻細緻，別具特色。前進屏門上懸有「吐書堂」匾額，中進是放置歷代祖先木主神樓的地方，後進左耳房為更練團存放兵器的地方，該處仍保留着鐵門與門鎖。現時村中祭祀、節日慶典及父老聚會等傳統活動，仍然繼續在祠堂舉行。[12]

元朗屏山的祠堂

（一）元朗屏山鄧氏宗祠 —— 是屏山鄧氏的祖祠，由五世祖鄧馮遜興建，至今已有七百多年歷史。鄧氏宗祠位於坑頭村和坑尾村之間，是三進兩院式的宏偉建築，在香港同類古建築中是佼佼者，正門前兩旁是鼓臺，各有兩柱支撐互頂，內柱為麻石，外柱為紅砂岩。前院鋪有紅砂岩通道，顯示鄧氏族人之中，曾有身居當時朝廷要職者。建築物三進大廳上的樑架雕刻精美，刻有各種動植物和吉祥圖案，屋脊飾有石灣鰲魚和麒麟，後進祖龕供奉着鄧族先祖神位。時至今日，宗祠仍用於屏山鄧族祭祖、慶祝節日、舉行各種儀式及父老子孫聚會等活動，2001 年 12 月被列為香港法定古蹟。[13]

（二）元朗屏山愈喬二公祠 —— 坐落於鄧氏宗祠旁邊，是三進兩院式建築，結構和規模均與鄧氏宗祠相若，由鄧族第十一世祖鄧世賢（號愈聖）、鄧世昭（號喬林）昆仲於十六世紀初興建。愈喬二公祠曾經是各村子弟讀書之所，1931 年至 1961 年間在此開辦達德學校。據祠堂正門石額所記，清朝光緒年間（1875－1908年）曾進行大規模修葺，基本上仍保持原來的結構和特色。鄧氏宗祠及愈喬二公祠於 2001 年 12 月 14 日被列為香港法定古蹟。[14]

（三）楊侯古廟 —— 坐落於坑頭村，是元朗區六間供奉侯王

的廟宇之一，相傳已有數百年歷史，但確切修建日期已不可考。楊侯古廟結構簡單，只有一進，三開間，分別供奉侯王、土地和金花娘娘。村民認為侯王即宋末忠臣楊亮節，每年農曆六月十六日為侯王誕。[15]

（四）洪聖宮 —— 位於坑尾村，由屏山鄧族所建。根據內匾額上所載年份顯示，洪聖宮可能建於 1767 年（乾隆三十二年），現存結構則於 1866 年（同治五年）重修而成，為兩進式建築，以青磚建成，結構簡樸，中有天井，採開放式設計，因此採光及通風效果較佳，是洪聖宮的最大特色。香港其他廟宇的天井大多加上蓋，改作香亭。

元朗錦田廣瑜鄧公祠

廣瑜鄧公祠又名來成堂，位於元朗錦田水頭三十二號。該祠堂建於 1701 年（康熙四十年），是鄧氏第二十一世祖鄧像六（又名鄧直見）為紀念第十七世祖鄧廣瑜（又名鄧松峰）而興建的。據祠堂的石碑記載，鄧氏族人曾於 1782 年（乾隆四十七年）籌募經費重修祠堂。

廣瑜鄧公祠是清代民間建築，屬兩進一院三開間佈局。天井兩旁為廂房，後進正廳設有神龕，以供奉鄧氏歷代祖先。建築物的牆身以青磚築砌而成，屋面蓋以傳統的木結構金字瓦頂。祠堂正面外牆有獨特的灰塑裝飾，祠內有刻工精細的木雕。廣瑜鄧公祠曾先後改建為店舖和工廠。祠堂的全面修復工程於 1996 年竣工，工程由古物古蹟辦事處及建築署監督。現已被列為香港法定古蹟。[16]

元朗廈村鄧氏宗祠

元朗廈村鄧氏宗祠又名友恭堂，是廈村鄧族為了紀念鄧洪贄、鄧洪惠兩位祖先開基勤勞之功而興建的。根據置於宗祠中進的《鼎建贄惠二公祠配享碑》所記，宗祠是於 1749 年（乾隆十四年）立基上樑，於 1750 年（乾隆十五年）竣工，翌年正式奉主陞座。其後分別於 1837 年（道光十七年）及 1883 年（光緒九年）進行過大規模修葺，祠內具歷史價值的建築構件和文物至今仍保存完好。中進懸有多塊功名牌匾，展示鄧族祖先在清代取得的顯赫功名。

鄧氏宗祠屬三進兩院式的清代民間建築，後院建有兩間廂房，祖先神位供奉於後進明間的木神龕內，莊嚴肅穆。宗祠的主要建築結構，是以青磚牆和石柱支撐着木構瓦片天面，樑架上裝有優美精緻的斗栱。宗祠的前、中、後進和廂房，均飾有以花卉圖案裝飾的精美簷板，部分橫樑雕刻了精巧的傳統中式吉祥圖案。鄧氏宗祠是廈村鄧族重要的祭祀和節慶活動場所，每年的春秋二祭和點燈等宗族傳統習俗，仍然在宗祠內舉行。宗祠也是舉行廈村十年一屆打醮儀式的重要場所。[17]

與鄧氏宗祠鄰接的禮賓樓和友恭學校，相信在 1924 年之前已建成，共同構成一組獨特的歷史建築群，見證了廈村鄧氏族人的歷史、宗族活動和傳統教育情況。因此，對於這兩個歷史建築也有稍加介紹的必要：

禮賓樓位於鄧氏宗祠左側，是鄧族招待客人留宿的地方，大約在 1950 年代，曾用作友恭學校的教師宿舍。時至今日，禮賓樓內依然放置着供奉文昌及武曲的神龕。禮賓樓由兩幢建築物組

成，中間以庭院分隔。該樓以青磚建造，金字瓦面屋頂由檁條和椽子構成，牆楣以花卉和幾何圖案灰塑裝飾。右堂仍保存着琉璃漏窗，兩側有一副灰塑對聯。

友恭學校位於鄧氏宗祠後面，初時是一幢三開間的建築物，1952 年成為政府資助學校時曾加以擴建。校舍以青磚築砌，主建築有兩組屋脊，綴有吉祥和幾何圖案灰塑，山牆上仍可看到草尾灰塑裝飾。校舍前面有一露天操場。由於學生增多，鄧氏宗祠部分地方和禮賓樓，也曾用作課室和教師宿舍。元朗厦村鄧氏宗祠及其鄰近建築物於 2007 年 12 月 7 日被列為香港法定古蹟。[18]

元朗厦村楊侯宮

元朗厦村的楊侯宮相傳已有二百多年歷史，由當地東頭三村（東頭村、羅屋村、巷屋村）的鄧氏族人興建，以紀念宋末侯王楊亮節，現存建築則於 1811 年（嘉慶十六年）改建而成。廟宇為兩進式建築，由庭院分隔，庭院早年已加上蓋，改建成香亭。前進鼓臺和石柱均以紅砂岩建造，具備香港一些重要傳統中式建築物的特色；後進設有三座神龕，分別供奉楊侯、金花娘娘和土地的神像。廟宇東北面有附屬建築物，供奉清朝廣東巡撫王來任，他曾上書朝廷，請求廢除 1662 年（康熙元年）的遷界令，使沿海居民免除流離遷徙之苦，因而備受村民尊崇。[19] 楊侯宮於 1988 年被列為香港法定古蹟，其後由政府斥資全面重修。地址在元朗厦村東頭村。[20]

元朗山厦村張氏宗祠

張氏宗祠又名「華封堂」，建於清朝嘉慶二十年（1815年），由元朗山厦村張氏第二十二世祖張南一、張瑞一、張志廣及張耀晃主力籌建，是張氏族人議事和祭祖的重要場所。張氏族人十分重視子孫的教育，山厦村曾建有多所書室，當時不論男女，均可入讀。1930至1950年代，張氏宗祠曾用作華封學校校舍，直至1958年，華封學校遷往欖口村附近的新校舍為止。

張氏宗祠為傳統的兩進式青磚建築，中間為天井，兩側為廂房，分別作為廚房及貯物之用。後進置有神龕，安放張氏歷代祖先神位，頂層供奉唐代丞相張九齡的木主，山厦村及東莞的張氏族人，多奉張九齡為先祖。神龕莊嚴華麗，飾以木雕，以八仙為主題，盡顯昔日工匠的精湛技藝。1999年，張氏宗祠曾進行大規模修繕工程，由建築署及古物古蹟辦事處監督，並於同年12月30日被列為香港法定古蹟。[21]

元朗八鄉元崗村梁氏宗祠

梁氏宗祠由元朗八鄉元崗村梁族興建，至今已有約二百年的歷史。梁氏族人源於廣東東莞，在十七至十八世紀期間，由十二世祖梁國初帶同族人遷徙至新界，後來他的兒子梁大成定居於元朗八鄉，並建立元崗村，現時的梁氏宗祠是梁大成所擁有。據村中父老憶述，元崗村的得名與其地形有關。元崗鄉公所背後，原有一座圓形山崗，村莊因此取名圓崗，但由於村落不斷擴展，這座小山崗已被夷平，並發展成休憩處，村名也隨着改為元崗村。

由於新界鄉村不斷發展，元崗村內很多舊村屋已被拆卸或重建，梁氏宗祠是村中少數僅存的歷史建築物，現時仍是舉行祭祖及點燈等傳統儀式的場所，也是梁氏族人議事的地方。梁氏宗祠是典型的清代兩進式建築，兩進之間為天井，天井兩旁建有廂房。右廂房設有廚房，曾於喜慶活動時，在此烹煮盆菜。祠堂的正面牆身以花崗石和磚建造，牆頂配有雕刻精美的封簷板和中式壁畫，外觀莊嚴。正門上方的石額，刻有「梁氏宗祠」四個字。屋脊的灰塑裝飾，以梅花、牡丹、蓮花與鰲魚等瑞獸和吉祥圖案為主題，山牆也有精美的草尾灰塑裝飾。祠堂後進明間置有神龕，安放歷代先祖的神位。神龕刻有各類色彩斑斕的花卉植物，如梅花、青竹、牡丹、桃花和蓮花等，代表四季生生不息，寓意梁族開枝散葉。[22]

元朗橫洲二聖宮

二聖宮坐落於元朗橫洲，該區為一雜姓村。廟宇約於 1718 年（康熙五十七年）由村民合資建成，供奉洪聖和車公，意在發揮守望相助的精神。屬兩進式青磚建築，內有一天井。1970 年代和 1980 年代曾進行修葺工程，大部分原有特色仍保持完好。1996 年被列為香港法定古蹟，並進行全面維修，費用由香港賽馬會資助。[23]

元朗屏山達德公所

達德公所是香港現存唯一專為村落聯盟（鄉約）聚會、祭祀和用作露天市集管理處而建的公所，由屏山鄉紳鄧勳猷及其族人

於 1857 年（咸豐七年）興建，供更練和「達德約」成員聚會之用，並且作為屏山市的管理處。此外，達德公所亦是與 1899 年（光緒二十五年）新界抗英行動有直接關係的現存少數遺址之一。據說 1899 年 3 月 28 日，鄉民在公所開會之後，發出一份「抗英揭貼」，呼籲屏山區內的鄉民支持武裝抗英行動。

達德公所原為一座兩進三開間式建築，設計簡單實用，以青磚建成，配以人字屋頂，底層以花崗石建造，1866 年在建築物左右兩邊加建了「慰寂祠」和「英勇祠」。2013 年，古物古蹟辦事處在達德公所進行第一期修復工程；第二期修復工程要待公所後方的斜坡改善工程完成後，於 2016 年再作安排。整個修復工程於 2018 年竣工，並開放給公眾參觀。[24]

離島的天后廟

（一）南丫島天后廟 —— 南丫島有三間天后古廟，大概以位於索罟灣的一間年代最古，廟內的一座聚寶爐鑄於 1826 年（道光六年），該廟始建日期已不可考。

（二）長洲天后廟 —— 位於長洲西灣的山上，初建日期已無可考，至少已逾百年，1929 年重修，廟貌壯麗。

（三）大澳天后廟 —— 位於大澳北岸街市關帝古廟右鄰，天后廟內的古鐘鑄於 1772 年（乾隆三十七年）。據此推算，該廟已有超過二百年的歷史，還有一間更古的天后廟，建於清朝順治年間（1644－1661 年），即十七世紀中葉。

（四）坪洲天后廟 —— 位於坪洲永安街四十八號，建於 1798 年（嘉慶三年）。

（五）急水門天后廟 —— 位於馬灣島上，是張保仔盤踞香港時所建，用以掩蔽其活動，約建於 1808 年（嘉慶十三年）。[25]

港島和九龍的廟宇

銅鑼灣天后廟

約於十八世紀初，戴氏家族在銅鑼灣建天后廟。戴氏原為廣東客家人，其初在九龍舊啟德機場附近一條今已湮沒的村落定居。戴氏常到銅鑼灣岸邊割草，相傳有一些族人在岸邊拾得一具神像，並為神像立祠供奉。由於到來上香的漁民日漸增多，於是籌募經費，興建一座正式的天后廟。

銅鑼灣天后廟是本港眾多供奉天后的廟宇之一，曾數度修繕，大致仍維持原狀，是同類廟宇建築的佳構。該廟現時的所在地是銅鑼灣天后廟道十號，仍由戴氏家族管理。[26]

遍佈港九的天后廟

除了銅鑼灣天后廟外，港島和九龍半島還有多間天后古廟，在香港「開埠」前已存在，主要包括：

（一）赤柱天后廟 —— 位於赤柱西海峰村內，已有二百多年歷史，廟內銅鐘上鏤有「乾隆三十二年」字樣，按即鑄於 1767 年。

（二）香港仔天后廟 —— 在香港仔石排灣的西北，建於 1758 年（乾隆二十三年），1873 年（同治十二年）重修。

（三）筲箕灣天后廟 —— 在筲箕灣東大街，創建日期已無可

Hongkong. Joss House.

銅鑼灣天后古廟，約十八世紀初由戴氏家族修建。

考，廟門額上「天后古廟」四字是 1872 年（同治十一年）重修的。

（四）油麻地天后廟 —— 位於油麻地廟街，是「光緒丙子遷建」，即 1876 年（光緒二年）；廟前的小石獅刻有「同治四年去日」字樣，即 1865 年。這小石獅大概是廟宇未遷建前所造。

（五）土瓜灣天后廟 —— 位於近海心廟的地方，於 1888 年（光緒十四年）重修。

（六）鯉魚門天后廟 —— 位於鯉魚門海邊，於重修時發現舊石碑，得悉建於 1753 年（乾隆十八年）。

位於南丫島索罟灣的天后古廟

香港古代以來的民間信仰

上圖 —— 位於長洲的天后古廟
下圖 —— 位於馬灣急水門的天后廟

（七）茶果嶺天后廟 —— 在鯉魚門以西的茶果嶺濱海處，在光緒年間重修。

（八）南佛堂天后廟 —— 在鯉魚門外東龍島上，其始稱為林氏夫人廟，建置時期當在南宋，故址當在今南堂環畔南堂村西不遠處。但全廟已毀，遺蹟無存。廟後有南堂石塔，是北宋時海上航行的標識，建於 1012 年（大中祥符五年）。[27]

鴨脷洲洪聖古廟

鴨脷洲洪聖古廟相傳是鴨脷洲居民所於 1773 年（乾隆三十八年）所建，以供奉保佑漁民和海上商旅的洪聖。洪聖古廟臨海而建，俯覽石排灣和香港仔，是鴨脷洲的主要廟宇，也是少數傳統廟宇仍然保留其原有風水佈局，以及造工精緻的裝飾，而且與當地社區關係密切。廟前空地上的風水木柱，在香港亦甚為罕見。

洪聖古廟屬清代兩進三開間式建築，兩進之間的天井建有香亭，廟宇左右兩側各加建廂房。前殿的屋脊和天井兩廊的女兒牆上，均飾以造工精巧、歷史悠久的石灣陶塑。廟前豎立着兩支繪有龍形圖案的風水木柱，當地居民稱之為「龍柱」，希望藉此抵擋源自「虎地」的煞氣，「虎地」就是舊香港仔警署所處的小山丘。鴨脷洲洪聖古廟所在的地方，現時稱為鴨脷洲洪聖街。

每年農曆二月十三日的洪聖誕，至今仍是鴨脷洲社區其中一個大型的年度盛事。自 1930 年起，洪聖古廟由華人廟宇委員會管理。[28]

上圖 —— 建於 1753 年（乾隆十八年）的鯉魚門天后廟
下圖 —— 廟內的天后娘娘像

九龍城侯王古廟

九龍城侯王古廟供奉楊侯大王，廟內有鑄於 1730 年（雍正八年）的古鐘，據此推算，該古廟大概建於這一年或這年以前。侯王古廟建築群座落於石砌高臺上面，包括廟宇主建築及其後加建的廂房、涼亭、刻石等。廟宇前方建有一座獨立的涼亭，其歇山頂以精美的花崗岩石柱和木樑架支撐。神壇設於廟宇的後殿，是敬拜侯王和觀音等其他神祇的地方。後殿的山牆採用「五嶽朝天式」的設計，在香港甚為罕見。

1847 年（道光二十七年）至 1899 年（光緒二十五年）清廷駐軍九龍寨城期間，寨城的官將多曾到侯王古廟參拜。侯王古廟是香港少數廟宇仍保留大量與九龍寨城有直接關係的歷史文物，包括首任九龍巡檢司許文深於 1847 年所捐的香爐。此外，廟內其他著名的文物，例如 1888 年（光緒十四年）的「鶴」字石刻，至今仍可見於廟後的巨石上。侯王古廟現被列為香港法定古蹟，地址在九龍城聯合道與東頭村道交界。[29]

註釋

1　網址：http://www.amo.gov.hk/b5/monuments_65.php。

2　古物古蹟辦事處編《龍躍頭文物徑》，頁 110。

3　網址：http://www.amo.gov.hk/b5/monuments_77.php。

4　網址：http://www.amo.gov.hk/b5/monuments_66.php。

5　古物古蹟辦事處編《居石侯公祠》。

6   網址：http://www.amo.gov.hk/b5/monuments_78.php。

7   古物古蹟辦事處編《廖萬石堂》（香港：康樂及文化事務署，2015 年）。

8   網址：http://www.amo.gov.hk/b5/monuments_30.php。

9   網址：http://www.amo.gov.hk/b5/monuments_23.php。

10 網址：http://www.amo.gov.hk/b5/monuments_76.php。

11 網址：http://www.amo.gov.hk/b5/monuments_19.php。

12 古物古蹟辦事處編《大夫第・麟峰文公祠》。

13 網址：http://www.amo.gov.hk/b5/monuments_73.php。

14 網址：http://www.amo.gov.hk/b5/monuments_74.php。

15 古物古蹟辦事處編《屏山文物徑》（香港：康樂及文化事務署，2016 年），
    頁 6－20。

16 網址：http://www.amo.gov.hk/b5/monuments_97.php。

17 古物古蹟辦事處編《鄧氏宗祠・楊侯宮》，2016 年。

18 網址：http://www.amo.gov.hk/b5/monuments_83.php。

19 古物古蹟辦事處編《鄧氏宗祠・楊侯宮》，2016 年。

20 網址：http://www.amo.gov.hk/b5/monuments_34.php。

21 網址：http://www.amo.gov.hk/b5/monuments_68.php。

22 網址：http://www.amo.gov.hk/b5/monuments_81.php。

23 網址：http://www.amo.gov.hk/b5/monuments_61.php。

24 網址：http://www.amo.gov.hk/b5/monuments_105.php。

25 王齊樂著《香港中文教育發展史》頁 25－26。

26 網址：http://www.lcsd.gov.hk/CE/Museum/Monument/b5/monuments_15.php。

27 王齊樂編《香港中文教育發展史》，頁 24－25。

28 網址：http://www.lcsd.gov.hk/CE/Museum/Monument/b5/monuments_107.php。

29 網址：http://www.lcsd.gov.hk/CE/Museum/Monument/b5/monuments_108.php。

Chapter

10

香港早期的
書院和教育

宋至清代香港的教育概況

宋明時期香港的教育

新界各族居民都很重視教育，紛紛開辦學校以教導子弟。他們或將祭祀和供奉祖先的祠堂闢作教室，或擇地興建書室，延聘有名望的教師，冀族中子弟能揚名科場、光宗耀祖。科舉考試在隋唐時期已開始，香港地區要到宋代才出現科舉人物。[1]

北宋時，鄧漢黻的曾孫鄧符協於 1069 年（熙寧二年）考中進士，成為香港地區第一個進士。他曾任廣東陽春知縣，任滿後返鄉創辦力瀛書院，開香港地區講學之先河。南宋時，龍躍頭的鄧炎龍於 1258 年（寶祐六年）中舉人；明代錦田人鄧廷貞於 1471 年（成化七年）中舉人，他曾任廣西藤縣知縣。

清代香港的教育進展

清代的民間學塾有三類：（一）富有人家聘請教師在家中設塾教育子弟，稱為「家塾」；（二）塾師自己設塾教育學生，稱為「塾館」或「教館」；（三）地方村社，宗族設辦的學塾，稱為「村塾」或「義塾」。授課一般分為兩級：初級 —— 是啟蒙教育，教兒童讀書寫字，讀本是《三字經》、《百家姓》、《千字文》等；高級 —— 教子弟參加科舉考試，讀本是《四書》、《五經》，學生要學寫「八股文」。當時香港區內錦田、大埔、屏山、上水、沙頭角、龍躍頭等地，設立書室、學舍的情況是很普遍的，各氏族的宗祠、書室及家塾，都懸放本族子弟的功名牌匾。[2]

據統計，到了清代，香港地區內開辦的書院和書室，共有

四百四十九間，較著名的，有周王二公書院、覲廷書室、二帝書院、述卿書室、鏡蓉書屋、善慶書室、崇德堂、萬石堂、萃英堂、龍津義學等，讀書應試蔚然成風。上述書院、書室的遺址，有些還保留至今，重新修繕，被列為香港法定古蹟。

自 1662 至 1874 年間（康熙元年至同治十三年），香港地區獲得科舉功名的，考取進士的有二人，他們是鄧文蔚和江士元；考取文舉、武舉而有姓名可以確定的各有六人，共十二人；另有二三百人考取貢生和秀才，可見當時的文化水平是相當不俗的。

早期新界的書院和書室

力瀛書院

北宋時期，鄧符協卸任廣東陽春縣令後，定居岑田（今新界錦田），築房舍，於 1075 年（熙寧八年）創辦力瀛書院，致力於教育。又築書樓，收藏大量書籍；建客館，邀請各方文士到來講學。力瀛書院是香港最早的學校，一時文風頗盛。直至清代，1819 年（嘉慶二十四年）刊印的《新安縣志》記載：「桂角山〔錦田〕在縣東南四十里，宋代鄧符協築力瀛書院，講學於其下，今基址尚存。」

周王二公書院

周王二公書院建於 1684 年（康熙二十三年），位於新界錦田大沙洲前、北圍村後。康熙初年，清政府迫令濱海五十里的居民

一律遷徙內地，致使濱海居民流離失所，後經廣東巡撫王來任和兩廣總督周有德分別上奏，允許居民歸業，重返故園。當地居民不忘周、王二公奏請之恩，特建此書院作為紀念。

周王二公書院於 1684 年（康熙二十三年）建成，其後至 1865 年（光緒十一年）止，曾經四次重建，建築形式保留原貌。兩廊壁上有舊碑刻，可資考證。[3]

覲廷書室

覲廷書室坐落於坑尾村，是屏山鄧族二十二世祖鄧香泉為紀念其父鄧覲廷，於 1760 年（乾隆二十五年）建成的，兼具教育及祭祀祖先作用；1884 年（光緒十年）重修，建築宏偉。屬兩進式建築，中為庭院，以青磚建造，主要柱子用花崗石建成。室內的祖龕、斗拱、屏板、壁畫、屋脊裝飾、簷板和灰塑等都別具特色，是當時工匠的精湛傑作。[4] 書室內一副紅底木板金字的大對聯，是清代廣東三大狀元之一的林召棠所書。1898 年（光緒二十四年）英人接收新界時，書室曾被用作指揮部。事後香港政府特派中英文教師各一名到該處執教，新界公立學校的歷史由此開始。[5]

鏡蓉書屋

鏡蓉書屋位於沙頭角上禾坑的客家村內，由該區李氏族人於清初建成，是少數專建作教學用途的書室，初期僅是一所供二三十人就讀的私塾，至乾隆年間始再行重建，改名為鏡蓉書屋。該書屋曾經培育過一些秀才，見於《新安縣志》記載。因專供教

覲廷書室，位於元朗屏山坑尾村，1870 年（同治九年）始建，
1991 年修繕。

學，建築頗為簡單實用，建築物只有兩個廳堂和閣樓，分別用作課室和宿舍。書屋外貌呈長方形，牆身以青磚砌築，屋內則用未經燒製的泥磚和夯土作間隔。正門「鏡蓉書屋」四字是禾坑一位著名學者李培元於 1872 年（同治十一年）所題，他在書屋任教多年，曾有一個學生李長春取得廣州府學第一名。其後書屋改為一所小學，至 1986 年結束。鏡蓉書屋於 1991 年被列為香港法定古蹟，後由政府進行全面修復工程，開放供市民參觀。⁶

書屋取名「鏡蓉」，可能源出唐代段成式的筆記小說《西陽雜俎》。故事講述李固言落第遊蜀，遇見一名老婦，預言「郎君明年芙蓉鏡下及第」，並且於「後二紀拜相」。翌年李固言果然中式，考題中有「人鏡芙蓉」一題；二十年後，他更成為宰相。以此命名，相信是要鼓勵子弟勤奮向學，即使落第，他日也會取得功名。⁷

二帝書院

二帝書院在元朗錦田水頭村，由錦田鄧族興建。早於十一世紀，鄧族已開始定居於錦田一帶的肥沃平原。相傳二帝書院建於道光（1821－1850 年）末年，供奉文昌和關帝，並提供講學及教學之所，因此又稱文武二帝書院。二帝神像原供奉於書院附近的風水塔，該塔相傳能幫助族中子弟高中科舉，但其後遭拆卸，村內十六名士紳遂籌組鄧二帝會，在鄧鳴鶴、鄧玉堂等倡議下，建造和開辦一所以二帝命名的書院。二帝書院純作教學用途，當年是錦田區內最高程度的學府，供生員以上人士進修。書院建築為二進式，呈長方形，以青磚及夯土建成，有圍牆，圍牆兩端均有

鏡蓉書屋，位於沙頭角上禾坑，始建於清初，乾隆年間（1736－
1795 年）重建。

出口。書院正門建於兩廳堂之間，佈局與同類書院不同。書院正門外的前院，以白石鋪砌，是聞名的白石巷，因此入讀書院的學生被稱為「白石巷子弟」。二帝書院的結構簡單實用，屋脊、山牆和牆頭的裝飾均以花草及幾何圖案灰塑為主，書院內的夯土牆，則用圖案簡潔的通風瓦作裝飾。書院於二十世紀初成為一所小學，約有學生三十人；第二次世界大戰期間已不再用作學校，戰後長期荒廢。[8] 1994 年底完成修繕工程，並開放供市民參觀。[9]

泝流圍

泝流圍是另一座位於錦田的學塾，1742 年（乾隆七年）由鄧權軒興建，為兩進式建築，門額「泝流圍」是武舉人鄧英元於 1789 年（乾隆五十年）所書。前廳正樑懸掛的「父子登科」牌匾，是 1821 年（道光元年）和 1840 年（道光二十年）兩廣總督阮元、廣東巡撫怡良先後為鄧鳴鸞、鄧廷桂父子考中武舉人後書寫的。[10]

植桂書室

新界元朗八鄉上村的植桂書室，建於 1899 年（光緒二十五年）以前，是由聚居於八鄉的黎氏族人黎金泰所建，屬香港典型的中國傳統書室。早在數百年前，黎氏一族已於八鄉一帶定居，據其族譜所載，黎族二世祖黎忠卿於宋代從江西遷至廣東新會，及後族人曾於東莞和錦田一帶定居，至明代時由十三世祖黎會雲率族人於現時的上村開基立村。

植桂書室具備祭祀祖先和教育村中子弟兩個用途，屬兩進一天井的清代傳統建築，書室正面以花崗石塊和青磚築砌，屋頂簷

二帝書院，位於元朗錦田水頭村，相傳始於道光（1821－1850年）末年。

下是雕刻精美的斗拱、駝峰和花崗石柱。前進屋脊有灰塑，題有「鯉躍龍門」字樣；書室內的駝峰和封簷板，皆刻有中國傳統民間故事和吉祥圖案，雕刻巧手精緻。書室後進明間置有精美的木製神龕，供奉黎氏歷代祖先神位。

植桂書室的獨特之處，是保存了大量原有的建築構件，例如建築物內外的精美木雕、屋脊和山牆上生動的灰塑，以及書室栩栩如生的壁畫。據說自書室建成後，一直未有重新上彩或翻新，因此之故，是元朗區現存最具文物價值的傳統書室之一。該書室曾於二次世界大戰時關閉，戰後用作永慶學校的臨時課室，為學生提供現代教育；其後改作植桂幼稚園。至 1970 年代初停辦。現已被列為香港法定古蹟。[11]

仁敦岡書室

仁敦岡書室又名燕翼堂，屬兩進合院式建築。據當地村民相傳，書室是屏山鄧族為紀念十四世祖鄧懷德（號仁所）、十五世祖鄧枝芳（號敦復）及十六世祖鄧鳳（號鳴岡）而建。三人的號各取一個字，而名為「仁敦岡書室」。確鑿的建造年份已難確定，書室正廳的木匾額刻有「同治九年歲次庚午重鐫」字樣，據此可以推斷，書室曾於 1870 年（同治九年）進行大規模修繕。[12]

仁敦岡書室原為族中子弟而建，培育族人參加科舉以晉身仕途。書室經常邀請廣州的學者前來講學，書室兩側的耳房曾作為招待學者留宿之用。後因廢除科舉制度，仁敦岡書室改為向村中孩童提供近代教育，直至 1930 年代，才由屏山的達德學校取代。

仁敦岡書室除了教學用途外，亦作為鄧族的祠堂，祖先神龕

置於中進，供奉坑頭村鄧族先祖的木主。現時書室仍用作宗族聚會，及舉行春秋二祭、婚嫁喜事等傳統儀式和節慶活動的場所。2009 年 10 月 19 日，仁敦岡書室被列為香港法定古蹟。[13]

敬羅家塾

敬羅家塾在大埔的大埔頭村，一百多年來一直是大埔頭鄧氏宗族的家祠，曾作書室之用，現時仍是族人聚會和舉行傳統節日活動的地方。該建築物的確鑿建造年份已無從稽考，據說是明朝時第十三代鄧氏族人玄雲、梅溪及念峰所建，以紀念他們的第十代先祖敬羅公。1998 年 8 月，敬羅家塾被列為香港法定古蹟，修復工程由香港政府資助，古物古蹟辦事處及建築署監督，於 2001 年 1 月竣工。同年，該重修項目獲「聯合國教科文組織亞太區文物古蹟保護獎」優異項目獎。[14]

在敬羅家塾就讀的鄧族子弟，一度多達四十人。家塾是中國傳統的三進兩院式建築，裝飾典雅樸實。正脊及牆頭飾有幾何圖案的灰塑，屋內的詹口板以花草圖案為點綴。門前建有兩個鼓臺，上面各有兩支花崗岩石柱承托着屋頂。家塾正門石額「敬羅家塾」四字是著名書法家鄧爾雅所寫。鄧爾雅（1884－1954 年）的父親鄧蓉鏡於 1871 年（同治十年）成為翰林院庶吉士，刻有其功名的牌匾，現時仍然懸掛在錦田清樂鄧公祠和永隆圍的門樓上。[15]

其他家族學舍

近代之前在新界地區設立的家族學舍，除上述各書院及廖萬

石堂和麟峰文公祠外，主要還有：

（一）應龍廖公家塾 —— 位於新界上水鄉蒲上村的應龍廖公家塾，又名顯承堂，建於 1838 年（道光十八年），是上水廖族具歷史性的學舍。家塾內保存的功名牌匾很多，可見當年教學之盛。該家塾現時用作鳳溪幼稚園校舍。

（二）應鳳廖公家塾 —— 在應龍廖公家塾的後面，大圍村有應鳳廖公家塾。又名明德堂，建於 1828 年（道光八年），比應龍廖公家塾還早。廖應龍、廖應鳳是同胞兄弟，子孫特為他們興建家祠，且比櫛為鄰，藉此表現兄弟之間和睦相處，守望相助的精神，現時用作族人聚會之所。[16]

（三）允升家塾 —— 在新界上水鄉內，約建於 1861 年（咸豐十一年），是為紀念廖交泰（又名廖允升）而建。

（四）善述書室 —— 位於新界龍躍頭新屋村的善述書室，建於 1840 年（道光二十年），以紀念鄧氏十九世祖鄧雲階。鄧族居民於元朝末年始由錦田分枝而來，創立書室作為教育本族子弟的場所。1864 年（同治三年），該村子弟鄧捷三中武舉，他練武所用的刀、叉、劍、戟、弓箭等武器，均保留於書室內，直至 1898 年英軍接收新界時，這些遺物才被繳去。善述書室為兩進建築，庭院兩旁有走廊，並有多間耳房，門外有禾坪。第二次世界大戰後，曾改為幼稚園。[17]

（五）述卿書室 —— 元朗屏山鄧氏族人於 1874 年（同治十三年）建成述卿書室，以紀念屏山鄧族二十一世祖鄧述卿（1810－1856 年）。至二十世紀初，因取消科舉考試，該書室漸失去作用，第二次世界大戰後，日久失修，後進的正廳於 1977 年拆卸，述卿

書室現時只遺留書室宏偉的門樓。門樓極富中國傳統建築特色，高大的花崗石柱、細緻的木雕及石刻壁畫，都出自名師之手，是現存新界同類建築中的佼佼者。至於前廳的屋脊裝飾、壁畫、木刻斗拱和簷板等，都很精美細緻，述卿書室昔日的華麗氣派，可見一斑。[18]

（六）若虛書室 —— 位於屏山坑尾村，又名「維新堂」，約建於明末清初，以紀念鄧氏先祖鄧若虛。1963 年曾加修葺。

（七）五桂書室 —— 位於屏山坑頭村，又名「五桂堂」，建於 1822 年（道光二年）。[19]

（八）友善書室 —— 位於元朗厦村新圍，建於 1830 年（道光十年），由鄧萬鍾策劃建造，作為鄉間私塾。書室分前院、天井和正堂，兩旁為側室。1963 年鄧氏族人集資修葺倒塌的正堂部分，書室面貌得以保留至今。[20]

（九）善慶書室 —— 位於大埔泰亨村內，由文氏族人所建。前座中野上面掛有一塊牌匾，上面寫有「欽點光緒十六年庚寅恩科一甲二名榜眼及臣文廷式恭承」字樣，光緒十六年即 1890 年。[21]

此外，還有幾間家塾可以作為補充。其一，是新界沙頭角南涌村的靜觀家塾，建於 1900 年（光緒二十六年），是李氏家族的塾館。這是一座兩進的建築物，大門橫額有「靜觀家塾」四字，內部門廊均有精緻的浮雕木刻，壁間繪有字畫。據說在清朝末年，這是一所著名的學舍，附近各村，甚或遠至大埔一帶，均有成年學子到此就讀。第二次世界大戰後，該家塾仍為教育村中子弟的場所。直至 1960 年南涌學校校舍建成，此處才被廢置，成為放置農具的地方。

其二，是粉嶺北邊村內的思德書室，是彭氏族入所建成，年份已難以考查，後於清朝道光及光緒年間先後兩次重修。彭氏家祠的部分房間也闢作彭氏子弟學習之所，至 1979 年後改為粉嶺幼稚園。[22]

元朗有一些年歲久遠的書室，如八鄉橫臺山的蘭芬書室、八鄉新田村的大紀家塾，以及十八鄉的兆元書室、龍田書室、五奎書室等，未能確定建於何時。大埔泰亨村內有正倫書室，文氏族人於清代設藝浣堂於中心圍，大埔其他從道光年間（1821–1850 年）開始興建的學舍，包括泰亨村的叢桂書室、碗窰村的文瀾書室、坪朗的六德書室、龍丫排村的茂華家塾、鍾屋村的育德書室、赤徑的寶田家塾、大崦村的育賢家塾等。上水鄉現存的家塾，除應鳳廖公家塾、應龍廖公家塾、允升家塾外，大圍村還有圖南書室和翠英堂。[23] 在英國人「租借」新界之前，區內至少有五十幾所至六十幾所書室，以當時的社會條件和居民人數，書室設立和普通分佈的情況，反映了人們對子弟教育的重視，並且具有一定的文化水平。

清代九龍半島的學校

龍津義學

香港島「割讓」予英人後，九龍遂成與「英夷」為鄰的邊地，清朝地方官員黃鵬年、顏炳章等，仍奉行「同化邊民」的政策，籌建龍津義學，並以部分租稅供學校營運之用。1847 年（道

光二十八年），龍津義學與九龍寨城同時竣工，成為香港區內由清朝官方主辦的重要義學。[24]

龍津義學旨在進行講學活動，培養華人子弟，繼承「鄒魯遺風」；1911 年辛亥革命後不久，曾在該校創辦過九龍城公立高初兩等義學。龍津義學除開供講學外，又充作當時的鄉公所，大凡九龍司的民眾事務，都召集所屬各鄉鄉長到來開會商議。該校一直存在，至第二次世界大戰爆發前為止。[25]

養正家塾

養正家塾位於九龍半島九華徑村。該家塾建於乾隆年間，其後歷次重修，現時所見的學舍，是 1948 年重建的。門上有石刻，橫書「養正家塾」四字，是學舍原有的舊物。第二次世界大戰後，改為養正學校，接受政府津貼。1971 年養正新校舍建成，該校遷出，舊學舍才被棄置。

註釋

1　邱小金、梁潔玲、鄒兆麟著《百年樹人：香港教育發展》（香港：香港市政局，1993 年），頁 18。

2　香港教育資料中心編寫組編撰《香港教育發展歷程大事記（1075 － 2003）》（香港：香港各界文化促進會，2004 年），頁 6 － 7。

3　香港教育資料中心編寫組編撰《香港教育發展歷程大事記（1075 － 2003）》，頁 10。

4　古物古蹟辦事處編《屏山文物徑》，頁 10。

5　邱小金、梁潔玲、鄒兆麟著《百年樹人：香港教育發展》，頁 18。

6 網址：http://www.lcsd.gov.hk/CE/Museum/Monument/b5/monuments_44.php。

7 古物古蹟辦事處編《鏡蓉書屋》，2014 年。

8 古物古蹟辦事處編《二帝書院》，2015 年。

9 網址：http://www.amo.gov.hk/b5/monuments_47.php。

10 馮志明編著《元朗文物古蹟概覽》（香港：元朗區議會，1996 年），頁 68。

11 網址：http://www.amo.gov.hk/b5/monuments_82.php。

12 古物古蹟辦事處編《屏山文物徑》，頁 18。

13 網址：http://www.amo.gov.hk/b5/monuments_94.php。

14 網址：http://www.amo.gov.hk/b5/monuments_67.php。

15 古物古蹟辦事處編《敬羅家塾》，2011 年。

16 《北區風物志》，頁 55。

17 古物古蹟辦事處編《龍躍頭文物徑》，頁 5。

18 古物古蹟辦事處編《屏山文物徑》，頁 80。

19 方駿、熊賢君主編《香港教育通史》（香港：齡記出版有限公司，2008 年），頁 29－30。

20 馮志明編著《元朗文物古蹟概覽》，頁 87。

21 王齊樂著《香港中文教育發展史》，頁 47。

22 陳志華等著《香港古蹟考察指南》（香港：現代教育研習社，1999 年），頁 98－99。

23 方駿、熊賢君主編《香港教育通史》，頁 30－32。

24 邱小金、梁潔玲、鄒兆麟著《百年樹人：香港教育發展》，頁 18。

25 莊義遜主編《香港事典》（上海：上海科學普及出版社，1994 年），頁 50。

11

華南民系與
香港社會發展

世界上有三大人種（種族），其中黃種人以漢族最多，是中國以至全球人口最多的民族，漢族並與中國境內五十五個少數民族共同構成中華民族。漢族的人文區分，包括東北、華北、華東、華中、華南、西北、西南七大類型。華南地區大抵在五嶺以南，習稱嶺南。區內的土著主要是越族，其後相繼與中原南遷人士融合，形成廣府、客家、潮州三大民系，此外還有蜑民（蛋民）等。

　　「民系」一詞，最先見於羅香林著《客家研究導論》（1933 年）及《客家源流考》（1950 年），[1] 用於人群屬性的區別與組合，大致相當於現時所說的「族群」。謝重光著《客家源流新探》（1995 年）認為民系有四要素：一、共同語言；二、共同地域；三、共同經濟生活；四、共同文化背景下的共同心理素質。客家是一種文化的概念，不是一個種族的概念，可說是例外，其他的民系都具有上述要素。[2]

　　中原人士南遷路線有二：其一，是珠璣巷，從這路線遷入的中原人士，都以珠璣巷為文化根源；其二，是福建沿海一帶，生活於閩南潮汕地區。閩語分為閩南、閩北、閩中等八區，潮州話被列為閩南話的一種；講閩南話、來自福建的族群，因潮州地狹，部分遷至雷州半島和海南島，稱為福佬（鶴佬）。有些著作認為潮州人即福佬人，其實是有分別的。潮州近年又稱潮汕，即潮州和汕頭的合稱。

　　須予指出，嶺南三大民系及其他少數民族裔，均各有本身的崗位和貢獻，和而不同。隨着時代步伐，應盡量保持原有的傳統習俗特色，並以此為人類共同財產，締造和洽相處、文化共融的繁榮社會。各展所長，互相補足，互助互動，發揮積極作用。

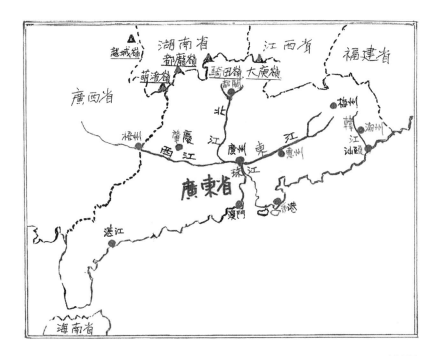

五嶺位置圖

嶺南文化與廣府人

嶺南地區的民系

嶺南地區，北枕五嶺，南瀕大海，西連雲貴，東接福建；嶺南文化，是由本地土著與陸續進入區內的中原民族共同孕育而成，在漫長的歷史過程中發展起來的，嶺南有三大民系：

（一）廣府人：聚居於珠江三角洲，廣府文化較具開放性。

（二）客家人：多居於內陸山地，經常遷徙流動，有強烈的尋概意識。

（三）潮州人：聚居於韓江流域，較具拼搏精神，閩潮文化自成一格。

此外，還有蛋家人，亦作蜑家，又稱艇家，是水上居民。他們主要分佈於珠江三角洲沿岸地區，住在船上或江海岸邊的「水棚」、「茅寮」，喜歡結拜兄弟或姐妹。

嶺南地區的土著

嶺南土著主要是越族，以鉞（銅鉞）為標誌。春秋末年的越國，越王勾踐曾敗於吳王夫差，於是「臥薪嘗膽」，「十年生聚，十年教訓」，終於轉弱為強，戰勝吳國，並北上與齊、晉諸侯會盟，成為霸主。

越族可能是大禹的後代。禹姓姒，因治水有功，成為部落聯盟領袖，並鑄九鼎。他的兒子啟建立夏朝，至太康時「失國」（被後羿所奪），其後少康中興，恢復夏朝的統治。少康是酒的發明者。

越亦作粵，《漢書》卷二十八下〈地理志〉說：「粵地，牽牛、婺女之分野也。」民間流行的七姐誕，將美好願望與牛郎織女的浪漫傳說結合起來。《世本》謂越為羋（音咩）姓，與楚同祖。中國古代總稱越族為「百越」，「南越」是其中一支。廣州有南越王墓。

廣府人的生活和文化

廣府人的定義，有狹義和廣義之分：

狹義的廣府人，指其祖先最早是由中原地區遷到嶺南，主要自秦末漢初，以珠璣巷為文化根源，與本地土著共同生活，現多居住在香港、廣州、佛山、南寧等大城。

廣義的廣府人，是指說粵語的廣東人，主要生活於廣東、廣西大部分地區，香港、澳門以及世界各地。東南亞一些華人社區，有較強烈的「廣府」認同。

廣府文化在華南三大民系中最具開放性，較易接受外來新事物，敢於吸收、摹仿和學習西方文化，並以傳統文化與之相互融合。其次是商品意識和價值觀較強，廣府商家普遍供奉關公為財神，「廣東商幫」在清代中期已馳名全國。廣府人有較強烈的宿命觀，也是廣府文化的特色之一。[3]

廣府民系的生活，較顯著的有五：第一，有很多帶「圍」字的地名，圍墾私基和公基，進而聯合成大圍，村落也建在圍內。第二，擅長開發和利用海洋資源，包括遠海漁業捕撈及在近海灘養殖蠔、蜆、珍珠和曬鹽。第三，廣府人喜歡「飲湯」和「食粥」，廣東菜是八大菜系之一。第四，粵語較多地保留了古漢語

的特徵，現時廣州話大致與廣府的分佈地區相同。第五，粵劇、粵曲、廣東音樂等都有特色。

客家人的動向和時代變遷

客家人的得名及其分佈

客家研究（Hakka Studies）以羅香林為開山，是二十世紀中外學界的一門顯學，備受日本和西方學者注意，時至今日仍然方興未艾，續有新著出版。

客家人的得名，主要是與原地土著相對而言，指外來的住戶；南方各民系的形成時間比客家要早，而且多在同一個行政區內。客家作為他稱，大約是在明末清初；作為自稱，大約始於清代（1644－1911）中期。

客家人的分佈，主要集中於江西南部、福建西部、廣東東北部交界的三角地區，梅州是客家的大本營，分佈於廣東、福建、江西、廣西、四川、湖南、台灣、海南、貴州、陝西等省區，以及香港、澳門地區。在海外，客家人的足跡遍及印尼、馬來西亞、新加坡、毛里求斯、美國、加拿大、澳洲、巴西、阿根廷、秘魯等一百多個國家和地區。

客家人的住地和文化特色

客家人的住地，在嶺南，多與畬、瑤等少數民族雜居於內陸山地，有「逢山必有客，無客不住山」之說。但因山區耕地有限，

不得不經常遷徙，或謂客家人「永遠在路上」，故有「東方吉卜賽人」之稱。

客家土樓，亦稱圍屋。始於唐宋，盛行於明清，有幾種形式，包括圍龍式圍屋、圓形圍樓、方形圍樓、橢圓形圍屋等。

客家文化特色，主要有三：首先，是有強烈的尋根意識和鄉土意識，宗族、家族觀念十分突出，修族譜、宗譜的情況很普遍，從而形成一種向心力。其次，是宗教信仰十分寬容和親善，儒、道、佛可以親如一家，同居一寺；客家人也供奉媽祖，作為山鄉的保護神。再者，客家話是漢語八大方言之一，分佈地域作廣；各地的客家話有些差異，基本特徵則大體相同。[4]

客家婦女的「婦功」

客家婦女以勤奮著稱，既刻苦又儉樸，各種勞動，包括耕田、採樵、織麻、縫紐等都優以為之。客家婦女有四項「婦功」：

家頭教尾：育子女；

田頭地尾：耕田種地；

灶頭鍋尾：家務勞動；

針頭綫尾：縫補衣裳。

她們沒有纏足習慣，亦不束胸。詩人外交家黃遵憲（1848－1905年）說，客家婦女也不必像西方女性那樣要束腰。客家健婦在中國歷史上起過重要作用，例如宋末文天祥（1236－1283年）率兵抗元，「勢至梅州而大振，男執干戈，女貫甲裳，舉族起義，傾邑勤王」。晚清太平天國起事，女兵打仗異常英勇，清軍領袖曾國藩（1811－1872年）說，她們實在難以應付。

潮州人與閩潮文化

閩潮文化的淵源特色

潮州作為中國的一個地方行政單位，始自一千四百多年前，唐代李吉甫（758－814年）撰《元和郡縣圖志》說：「以潮水往復，因以為名。」明清（1368－1912年）以降，潮州各縣建置大體上已形成，包括潮安、潮陽、揭陽、饒平、惠來、大埔、澄海、普寧、豐順、南澳。

潮州地理位置獨特，偏在東南隅，又三面環山，一面臨海，平原中分，形成相對封閉的地理環境。對於中國大地，潮州地處邊緣；對於廣東一省，潮州也是邊緣。潮州人喜歡說自己的家鄉是「省尾國角」，用這個詞來說明潮州地理位置是很準確的。

潮汕地區的居民和文化

唐代大文豪韓愈（768－824年）曾貶官治潮八個月，推動了潮州的文教事業；北宋理學家周敦頤（1017－1073年）曾在嶺南為官，潮陽峽山周姓多其後裔。清代中葉以前，中原移民主要由福建等地輾轉去到潮州；歷任官潮州者，亦以閩籍官員居多。

因此，潮州既有閩南的經濟文化色彩，而又不乏本身的特點；其地既有利於中原古老文化的保留和積澱，又與海外有千絲萬縷的聯繫，在近代且以汕頭為中心，發展出新生事物和社會面貌。現時潮州、揭陽、汕陽，並稱「潮汕三市」，加上汕尾，就是「粵東四市」。

潮汕地區有三類主要居民：一是原住的海民，古代稱為「蜑

民」，信仰海神，奉媽祖為航海保護神；二是原住的山民，古代稱為「百越人」，信奉山神（三山國王）；三是包括客家人在內的大量中原移民，當中有不少人拜關公（關帝），這為商人和商業社會帶來「忠義」觀念，重承諾和守誠信。

扼要地說，潮汕文化有兩大特色：首先就是海洋文化與大陸文化的結合，其次就是古老文化與現代文化的結合，這樣的組合是具備相當優越性的。[5]

潮州人在近代香港早期的活動

十九世紀中葉以前，已有潮州人到香港地區生活，開始時是務農人口，居住於新界一帶。香港「開埠」初期，港島人口稀疏，潮商經營的生意，多與轉口貿易有關。據說最早到港的是陳開泰，較著名的有高滿華、陳煥榮、吳潮川等。1868 年（同治七年）南北行公所成立，是香港第一個較具規模的華人團體，當時開設南北行的辦莊大多是潮汕人，約佔總收百分之七十。

除了「南北行」外，又有經營南洋各地業務的「南洋辦莊」，包括經營泰國業務的暹羅莊，經營星馬業務的新加坡莊，和經營越南業務的安南莊。

早期潮商經營的行業，主要有米業、藥材業、瓷器業、紙業、茶業、菜種業、涼果業、柴炭業、糕餅業、匯兌業和批業等，這些都是潮汕原有一定基礎的行業，又大多與香暹叻汕貿易線有關。

註釋

1 羅香林第一本關於客家的著作，是《客家研究導論》（興寧：希山書藏，1933 年）。1950 年，他出席香港崇正總會成立三十周年慶典，發表《客家源流考》，此書後由香港嘉應商會於 1986 年出版，另有北京中國華僑出版公司 1989 年版。羅香林還編有《客家史料匯編》（香港：中國學社，1965 年；台北：南天書局有限公司，1992 年）。

2 謝重光著《客家源流新探》（福州：福建教育出版社，1995 年），是客家研究的重要著作。

3 關於嶺南文化，可參考《嶺南文化百科全書》（北京：中國大百科全書出版社，2006 年）；高敬編著《嶺南文化》（北京：時事出版社，2013 年）。

4 關於客家，還可參考蔡驍著《流動的客家：客家的族群認同和民族認同》（上海：上海人民出版社，2016 年）。

5 關於潮汕文化，可參考陳澤泓著《潮汕文化概說》（廣州：廣東人民出版社，2001 年）；周佳榮著《香港潮州商會九十年發展史》（香港：中華書局〔香港〕有限公司，2012 年）。

12

在博物館尋找
香港古代史

香港特別行政區政府康樂及文化事務署（簡稱「康文署」）轄下有十四間公共博物館，各有不同的重點和主題，大抵涵蓋藝術、歷史、科學三大範疇。古物古蹟辦事處轄下，有香港文物探知館。

至於文物修復組，是為公共博物館、藝術推廣辦事處、古物古蹟辦事處提供文物修復服務的部門，主要工作是為康文署轄下的八十萬件出土文物及大約二十萬件不同類別的博物館藏品提供檢視、鑑別和修復服務，以及進行有關的科學研究，並為各博物館籌辦的專題展覽提供技術支援。此外，舉辦推廣活動也是文物修復組為大眾服務的一環。由文物修復組負責照料的文物類別十分廣泛，包括紙本文物、書畫、紡織品、木器、陶瓷器、金屬、雕塑、民間用品以至其他出土文物。

香港另有一些博物館，是由大學、社團創辦的。香港大學美術博物館是現存香港歷史最悠久的博物館，香港中文大學、香港浸會大學、香港教育大學都設有不同主題的博物館；社團創辦的，有東華三院文物館、保良局歷史博物館等。[1]

上述博物館或多或少都收藏了一些香港古代文物，及舉辦有關古代史的專題展覽，在博物館中可以理解更多香港歷來的變遷和發展，按自己的興趣和需要前往參觀，考察是深入認識歷史的有效方法之一。

香港歷史博物館及其分館

香港歷史博物館成立的經過

1962 年，位於港島中環的香港大會堂落成啟用，內設香港博物美術館，是戰後本地第一間公共博物館；1975 年，該館分為香港藝術館和香港博物館，1975 年發現的李鄭屋漢墓撥歸後者管轄。香港藝術館仍在大會堂，香港博物館遷到九龍公園。

香港回歸後，香港博物館於 1998 年 4 月 1 日易名為香港歷史博物館；同年 7 月，位於九龍尖沙咀漆咸道南的新館落成啟用。2000 年 1 月起，由於前市政局解散，香港歷史博物館及其分館撥歸新成立的康文署管轄。2001 年 8 月，全新的「香港故事」常設展開幕，展覽面積比 1991 至 1998 年間在九龍公園舊館的舊版本「香港故事」大了六倍左右，內容更為充實和豐富。新版本「香港故事」展至 2020 年閉幕，重新設計和加強內容。

香港歷史博物館致力蒐集、保存、研究及展示與香港和華南地區的自然歷史、考古、民俗和有關歷史發展的文物資料，以提高廣大市民對本地歷史文化的興趣及認識。博物館內設有兩個大型展覽廳：一是長期展覽廳，佔地七千平方米，展出「香港故事」常設展；二是專題展覽廳，佔地一千平方米，經常舉行不同主題的展覽。此外，博物館亦舉辦多元化的教育及推廣活動，包括免費導賞服務、講座、參觀活動、錄影帶節目、示範、工作坊、巡迴展覽等。配合教學和研究需要，博物館還提供外借資料服務及設立參考資料室。[2]

香港歷史博物館的分館

李鄭屋漢墓博物館位於九龍深水埗東京街，館內包括一座東漢磚室墓及展覽廳。該漢墓是 1955 年政府在李鄭屋村夷平山地興建徙置大廈時發現的。從墓室的形制、墓碑銘文及出土文物等推斷，該墓應建於東漢時期（25－220 年）。1998 年起改為今名，2005 年為漢墓發現五十周年，博物館進行了一系列翻新工程，包括重新裝修展覽廳、更新展覽及為加強保護漢墓而展開的天幕蓋建工程。漢墓旁邊是展覽廳，除了展出從漢墓出土的陶器及青銅器外，還利用文字、線圖、照片、地圖、航空照片和模型等輔助展品，介紹漢墓的地理環境、發現經過和墓室結構。展廳亦添置多媒體電腦，以互動方式介紹漢墓的內部結構，增加趣味性。

羅屋民俗館位於柴灣吉勝街，距柴灣地鐵站五分鐘路程。1990 年成立，展覽廳由法定古蹟（村屋）修復而成。「羅屋」建於十八世紀，是柴灣現時碩果僅存的一座古村屋，原來的戶主是一家姓羅的客家人，所以名為「羅屋」。該館利用民俗藏品，包括傢俬、農具、日用品等，復原了村屋的內部面貌，充份反映出客家人儉樸刻苦的生活方式。屋外空地的一套展品，扼要地介紹了柴灣的歷史、羅屋的歷史和建築特色，以及客家人的習俗。

香港海防博物館位於筲箕灣東喜道，2000 年成立，由具有百多年歷史的舊鯉魚門炮台修建而成，分堡壘及古蹟徑兩個主要部分。館內常設的「海防風雲六百年」展覽，介紹香港自明清兩代、英治時期、日佔時期、戰後直至香港回歸後的海防歷史。堡壘內還有上層展覽廳，展出以海防及軍事歷史為主題的物品。原有的各種軍事遺蹟，如砲台、魚雷發射裝置、溝堡及彈藥庫房，經修

復開闢為古蹟徑，供遊人參觀。

孫中山紀念館位於港島中環半山衛城道七號，2006年成立，館內常設「孫中山與近代中國」和「孫中山時期的香港」兩個展覽，亦有關於該館前身「甘棠第」的介紹。

葛量洪滅火輪展覽館在香港鰂魚涌公園內，2007年創立，由葛洪滅火輪改裝而成。

香港歷史博物館的藏品將近十萬件，保存了本地和華南地區的重要歷史文物，經常舉辦專題展覽和學術研討會，並出版了不少具有學術水準的圖冊和論文集。透過香港歷史博物館這一組別的博物館，可以較深入地了解港島和九龍地區的歷史發展狀況。[3]

香港文化博物館及其分館

香港文化博物館的成立

香港文化博物館位於沙田文林路，是一所大型綜合性博物館，2000年成立，樓宇面積三萬二千平方米，其中的展覽廳面積佔七千五百平方米，展覽內容涵蓋文化、歷史、藝術等各範圍。

博物館設有十二間展覽廳，其中六間是常設展覽廳，包括視聽導賞廳、新界文物館、粵劇文物館、兒童探知館、徐展堂中國藝術館、趙少昂藝術館；另外六間是專題展覽廳，輪流舉辦有關本地文化的展覽，以及與內地和外國博物館合辦的借展。為配合不同觀眾的需求，博物館透過多元化的展覽和節目，以生動活潑的形式展示文物，讓參觀者藉著欣賞及參與展覽環節，寓學習於

消閒。[4]

香港文化博物館的分館

上窰民俗文物館位於新界西貢北潭涌自然教育徑，原為一條超過一百五十年歷史的客家圍村，1981 年被列為法定古蹟，1984年修復為民俗文物館，開放予市民參觀。這座堡壘式的客家圍村，面積約五百平方米，建於二米高的台基上，有居室、豬舍、牛欄、更樓、曬坪及農具用品。除此以外，在距離文物館外約五十米近海處，有一個古老灰窰，以前上窰村的居民，就是用這個窰來燒製石灰，作為建築村料。[5]

香港鐵路博物館位於大埔墟崇德街十三號，1985 年成立，原為大埔墟舊火車站大樓，建於 1913 年，是一座風格獨特的中國金字頂傳統建築。博物館包括常設展覽、錄像節目等。

三棟屋博物館位於新界荃灣古屋里二號，1987 年成立。三棟屋是香港典型的客家圍村，十八世紀時由陳姓族人興建，至今已有二百多年歷史，而仍保留著初建村時的基本結構。1981 年，政府宣佈將三棟屋列為法定古蹟，並修建為博物館，開放予市民參觀。該館佔地約二千平方米，包括宗祠、接待室、介紹室、四間復古屋室、八間用作展覽民間風俗的橫屋，以及一間二百平方米的專題展覽廳。[6]

香港藝術館及其分館

香港藝術館的成立

香港藝術館的前身是 1962 年創立的香港博物美術館，以保存中國文化遺產及推廣本地藝術為宗旨。1991 年，香港藝術館遷到九龍尖沙咀梳士巴利道十號。該館藏品超過一萬四千件，收藏範圍以本地及中國藝術為核心，包括中國文物、中國書畫、香港藝術及歷史繪畫，其中「虛白齋藏中國書畫」、竹刻、石灣陶塑等更是遐邇聞名。

香港藝術館的樓宇面積為一萬七千五百三十平方米，設有七個展覽廳；展覽廳的面積有六千餘平方米，分別展出藝術館珍藏及重要的國際性展覽。此外，藝術館亦為市民提供多元化教育及推廣活動，包括講座、示範、工作坊、導賞服務等，是欣賞及認識香港、中國及世界各地藝術的好去處。

茶具文物館及羅桂祥茶藝館

茶具文物館是香港藝術館的分館，位於香港中區紅棉路十號香港公園內，1984 年成立，是一間利用古老建築物重修而創辦的文物館。現址前名「旗杆屋」或司令總部大樓，在 1978 年以前是駐港英軍總司令辦公大樓和官邸，建於 1844 至 1846 年間（道光二十四年至二十六年），該座兩層大樓是香港現存歷史最悠久、屬希臘復興期風格的西式建築物，1989 年根據古物及古蹟條例列為受保護的歷史建築物。

茶具文物館是國際上第一間以茶具為主題的博物館，主要工

作包括收集、研究及展示茶具文物和有關茶藝文化的資料，基本藏品由羅桂祥博士捐贈，包括約六百件茶具和有關文物，年代由西周（公元前十一世紀至前 771 年）直至二十世紀。

茶具文物館旁邊新翼有一所「羅桂祥茶藝館」，1995 年底落成啟用，展出羅桂祥基金餽贈的二十五件瓷器和六百多方印章，在推廣中國茶藝的同時，亦有助於促進大眾對中國陶瓷及印章藝術的欣賞。[7]

古物古蹟辦事處的工作範圍

古物古蹟辦事處

古物及古蹟條例於 1976 年實施，以確保本港最具價值的文物古蹟得到適當保護。同年，古物諮詢委員會及古物古蹟辦事處相繼成立。後者負責執行古物事務監督（即民政事務局局長）的行政工作，以向古物諮詢委員會提供秘書處服務和行政上的支援。古物古蹟辦事處在九龍尖沙咀彌敦道一百三十六號，主要工作範圍包括：

（一）鑑定有歷史價值的建築，予以記錄及進行研究。

（二）組織及統籌具考古價值地點的勘定及發掘工作。

（三）保存及編整與上述古蹟及文物有關的文字紀錄及照片資料。

（四）安排古蹟的保護、修繕及維修工作。

（五）評核工程項目對古蹟文物的影響，並安排適當的保護

及搶救措施，安排合適的歷史建築活化再利用。

通過宣傳及教育活動，包括舉辦有關本地文物的展覽、講座、導賞團、考古工作坊及設立文物徑等，以喚起公眾人士對香港文物的關注。[8]

香港文物探知館

香港文物探知館位於九龍公園前威菲路軍營 S61 及 S62 座，這兩幢歷史建築物約於 1910 年（宣統二年）建成，並一直被英軍用作營房至 1967 年，政府收回這片軍事用地，發展為文娛康樂用途。自 1983 年開始，該處建築物被香港歷史博物館用作臨時館址，直至 1998 年為止。

香港文物探知館自 2005 年起對外開放，主要設施包括專題展覽廳、演講廳、教育活動室及參考圖書館等。以香港文物古蹟為主題的常設展覽，於 2007 年展出。有關展覽透過展示出土考古文物及歷史建築構件，配合模型、影音解說、多媒體節目與互動展品等，介紹香港的考古及歷史建築等文化遺產。[9]

屏山鄧族文物館

2007 年，屏山鄧族文物館暨文物徑訪客中心成立，這是古物古蹟辦事處在屏山鄧族支持下實現的一項計劃。文物館位於新界元朗屏山坑頭村，館址原為建於 1899 年（光緒二十五年）的舊屏山警署，館內介紹屏山鄧族自十二世紀以來的歷史文物及屏山文物徑沿途古蹟。將博物館和文物徑有效地結合起來，是一個新的發展方向。[10]

大學及社團創辦的博物館

大學創辦的博物館

香港大學美術博物館——位於般含道九十四號，是現有香港歷史最悠久的博物館，1953 年成立時稱為馮平山博物館，歷來蒐集了大量文物和藝術品，包括新石器時代至清代的陶瓷、青銅器、中國水墨畫和油畫等，其中以元代景教銅十字（約千個）及唐代釉裏藍三足水注最為矚目和罕有。

香港大學美術博物館致力提供各類型的藝術和文化活動，藉此促進社會終身學習的風氣。該館經常舉辦各類型展覽，介紹中國傳統和現代藝術、本地和外國的藝術文化。六十多年來，對香港文博事業的發展作了重大貢獻。

香港中文大學文物館在 1971 年成立，位於新界香港中文大學中國文化研究所內，有藏品萬餘件，主要來自本地人士的熱心捐贈，內容包括廣東書畫、秦漢璽印、碑帖拓本、歷代陶瓷等，輔以出版刊物、公開講座、國際研討會等活動，促進中外學術交流。文物館又與校內學系合作，推動中國古代藝術的教學、欣賞和研究。

香港浸會大學孔憲紹博士伉儷中醫藥博物館位於九龍塘香港浸會大學賽馬會中醫藥學院大樓地下及閣樓，2007 年成立，是介紹中醫藥發展及展示中醫藥的專門博物館。[11]

香港教育大學香港教育博物館位於新界香港教育大學內，2008 年成立，是以香港教育發展為主題的專門博物館。

社團設置的博物館

東華三院文物館位於九龍窩打老道 25 號廣華醫院內，1971 年成立。東華三院的成立始自 1870 年（同治九年）創辦的東華醫院，是全港首間以中醫免費治療貧病華人為服務宗旨的醫院。時至今日，東華三院已發展成為全港最具規模的慈善機構，致力為市民提供多元化的醫療、教育及社會福利服務。東華三院文物館的前身是 1911 年（宣統三年）落成的廣華醫院大堂，1970 年東華三院慶祝成立一百周年時宣告創辦，開始有系統地收集、保存及修復與東華三院有關的文物和典籍，館藏包括六百件文物、七千多冊文獻及二萬多張照片。糅合中西建築特色的文物館，古物諮詢委員會評定為一級歷史建築，其本身亦是珍貴文物。

保良局歷史博物館在 1998 年成立，設於香港禮頓道六十六號保良局中座大廈內，其中的林炳偉展覽廳及關帝廳開放予公眾人士參觀。該館收藏了保良局自 1878 年（光緒四年）倡立以來一百四十多年間的歷史文物檔案，總數逾六萬件。展覽廳內的展品，包括文獻檔案、照片、刊物、圖片、器物及聲像紀錄等。關帝廳大堂中央供奉著象徵「忠義仁勇」的關帝神座，堂內亦有不少富歷史特色的對聯、碑刻、瓷相及傢具等。保良局歷史博物館還致力編撰關於保良局歷史的刊物，並提供資料予海內外學者進行研究。[12]

其他由社團、民間組織、私人機構創立的博物館，還有香港賽馬博物館、香港醫學博物館、香港海事博物館等。

註釋

1　周佳榮主編《香港博物館與文化考察》（香港：香港中國近代史學會，2014年），頁1−5。

2　周佳榮〈香港近十年來文博事業的發展〉，《當代史學》第8卷第3期（2007年9月），頁69。

3　香港歷史博物館編製《香港歷史博物館簡介》（香港：康樂及文化事務署，2003年）。

4　香港文化博物館編製《博物館博覽》，香港：康樂及文化事務署，2002年。

5　黃曉恩〈清代堡壘式客家村莊：上窰民俗文物館介紹〉，《當代史學》第8卷第3期（2007年9月），頁74−76。

6　周佳榮主編《香港博物館與文化考察》，頁9。

7　網址：http://hk.art.museum。

8　周佳榮主編《香港博物館與文化考察》，頁7。

9　黃曉恩〈「傳承文物，探知古今」的香港文物探知館〉，《當代史學》第9卷第2期（2008年6月），頁39−45。

10　區顯鋒〈屏山鄧族文物館的成立及其館藏特色〉，《當代史學》第8卷第3期（2007年9月），頁81−82。

11　羅婉嫻〈開創香港先河的孔憲紹博士伉儷中醫藥博物館〉，《當代史學》第8卷第4期（2007年12月），頁112−116。

12　丁潔〈保良局歷史博物館巡禮〉，《當代史學》第9卷第2期（2008年6月），頁36−38。

附錄

中國歷朝年期表（夏朝至清朝）

朝代／時代	年代	年數	都城
夏朝	約前 2100 年－前 1600 年	約 500 年	陽城（今河南登封縣東南）
商朝	約前 1600 年－前 1046 年	約 554 年以上	亳（今河南商丘縣北） 殷（今河南安陽西北）
周朝	約前 1046 年－前 256 年	約 790 年	
西周	前 1046 年－前 771 年	約 250 年	鎬京（今陝西西安西）
東周	前 770 年－前 256 年	共 515 年	洛邑（今河南洛陽）
春秋	前 770 年－前 476 年	共 295 年	
戰國	前 475 年－前 221 年	共 254 年	
秦朝	前 221 年－前 207 年	共 15 年	咸陽（今陝西咸陽）
漢朝	前 202 年－220 年	共 422 年	
西漢	前 202 年－8 年	共 210 年	長安（今西安）
新	9 年－23 年	共 15 年	長安（今西安）
東漢	25 年－220 年	共 196 年	洛陽
三國	220 年－265 年	共 46 年	
魏	220 年－265 年	共 46 年	洛陽
蜀漢	221 年－263 年	共 43 年	成都
吳	229 年－280 年	共 51 年	建業（今江蘇南京）

朝代／時代	年代	年數	都城
晉朝	265 年－420 年	共 156 年	
西晉	265 年－316 年	共 52 年	洛陽
東晉	318 年－420 年	共 104 年	建康（今南京）
南北朝	420 年－589 年	共 170 年	
南朝	420 年－589 年	共 170 年	
宋	420 年－479 年	共 60 年	建康（今南京）
齊	479 年－502 年	共 24 年	建康（今南京）
梁	502 年－557 年	共 56 年	建康（今南京）
陳	557 年－589 年	共 33 年	建康（今南京）
西梁	555 年－587 年	共 33 年	
北朝	439 年－581 年	共 143 年	
北魏	386 年－534 年	共 149 年	平城（今山西大同）
東魏	534 年－550 年	共 17 年	鄴（今河北臨漳縣）
西魏	535 年－556 年	共 22 年	長安（今西安）
北齊	550 年－577 年	共 28 年	鄴（今河北臨漳縣）
北周	557 年－581 年	共 25 年	長安（今西安）
隋朝	581 年－618 年	共 38 年	長安（今西安）
唐朝	618 年－907 年	共 290 年	長安（今西安）
周（武周）	690 年－704 年	共 15 年	

朝代／時代	年代	年數	都城
五代十國	907 年－960 年	共 54 年	
五代			
後梁	907 年－923 年	共 17 年	汴（今河南開封）
後唐	923 年－936 年	共 14 年	洛陽
後晉	936 年－946 年	共 11 年	汴（今開封）
後漢	947 年－950 年	共 4 年	汴（今開封）
後周	951 年－960 年	共 10 年	汴（今開封）
十國			
吳	902 年－937 年	共 36 年	揚州
南唐	937 年－975 年	共 39 年	金陵（今南京）
吳越	907 年－978 年	共 72 年	杭州
楚	907 年－951 年	共 45 年	長沙
閩	909 年－945 年	共 37 年	長樂（今福建福州）
南漢	917 年－971 年	共 55 年	廣州
前蜀	903 年－925 年	共 23 年	成都
後蜀	933 年－965 年	共 33 年	成都
荊南（南平）	924 年－963 年	共 40 年	荊州（今湖北江陵）
北漢	951 年－979 年	共 29 年	河東（今山西太原）
宋朝	960 年－1279 年	共 320 年	
北宋	960 年－1127 年	共 168 年	東京（今開封）
南宋	1127 年－1279 年	共 153 年	臨安（今杭州）
遼	916 年－1125 年	共 210 年	上京（今遼寧巴寧左旗附近）
大夏（西夏）	1038 年－1227 年	共 190 年	興慶（今銀川）
金	1115 年－1234 年	共 120 年	會寧（今黑龍江阿城）

朝代／時代	年代	年數	都城
元朝	1271 年－1368 年	共 98 年	大都（今北京）
明朝	1368 年－1644 年	共 277 年	南京、北京
南明	1644－1661 年	共 18 年	
清朝	1644 年－1912 年	共 268 年	北京

大事年表（遠古至清代）

公元前 3500 年－前 2000 年

在現時的香港地區內已有新石器時代中期遺址

公元前 2000 年－前 1200 年

在現時的今香港地區內已有新石器時代晚期遺址

公元前 214 年（始皇帝三十三年）

秦始皇派兵平定百越，現時的香港地區屬於南海郡番禺縣管轄。

公元前 111 年（漢元鼎六年）

漢武帝派兵征服南粵，現時的香港地區屬南海郡博羅縣管轄。

265 年（三國吳甘露元年）

番禺設司鹽校尉，監管今香港地區內的鹽場。

331 年（東晉咸和六年）

現時的香港地區改屬東莞寶安縣管轄

428 年（劉宋元嘉五年）

高僧杯渡禪師南遊，寓居屯門山（現稱青山）。

736 年（唐開元二十四年）

設屯門軍鎮防禦海寇

757 年（唐至德二年）

香港地區改屬廣州郡東莞縣

971 年（北宋開寶四年）

宋朝在九龍灣西北地區設立官富場，置鹽官管理鹽場，屬於廣東十三大鹽場之

一。

1200 年（南宋慶元六年）

官富場設摧鋒水軍駐守。佛堂門成為交通要道，設稅站對過往船貨抽稅。

1277 年（南宋景炎二年）

宋端宗逃亡至九龍官富場駐蹕，在此建立行宮。

1278 年（南宋景炎三年）

宋端宗病逝於大嶼山，衛王趙昺繼位。

1370 年（明洪武三年）

明政府設置官富巡檢司，其管轄範圍與現時的香港地區大致相當。

1394 年（明洪武二十七年）

廣東左衛千戶張斌築大鵬所城

1518 年（明正德十三年）

葡萄牙人遣使抵屯門，強行佔領並設立營寨。

1522 年（明嘉靖元年）

廣東巡海道副使汪鋐率兵將入侵和盤踞屯門的葡萄牙人驅逐出境

1573 年（明萬曆元年）

香港地區改屬廣州新安縣

1586 年（明萬曆十四年）

南頭置總兵、哨官，加強香港地區防禦力量。

1623 年（明天啟三年）

荷蘭殖民者入侵佛堂門，新安縣知縣陶學修率軍民擊退荷人的侵犯。

1637 年（明崇禎十年）

威德爾（John Weddell）率英國船隊闖入省河，進逼廣州，廣東官府調軍反擊，威德爾被迫率隊離開廣州。

1661 年（清順治十八年）

清政府頒佈「遷海令」，以斷絕近海居民與鄭成功聯繫。香港地區幾乎全屬內遷範圍，其後居民北遷，致全境土地荒蕪。

1666 年（清康熙五年）

新安縣被裁撤併入東莞縣，香港地區包括在內。

1669 年（清康熙八年）

新安縣重新恢復。清政府明令酌許展界，准人民返回故居復業。

1684 年（清康熙二十三年）

清軍攻佔台灣，清廷准許全部遷界人民返回原地。

1723 年（清雍正元年）

建佛堂門及大嶼山兩炮台

1810 年（清嘉慶十五年）

著名海盜張保仔投降

1817 年（清嘉慶二十二年）

設東涌寨城，建炮台、兵房、火藥局以增強防禦。

1820 年（清嘉慶二十五年）

英國商船集於香港島及尖沙咀一帶，且在香港島沿岸搭建寮棚居留。

1834 年（清道光十四年）

英國首任駐華商務監督律勞卑經澳門到達香港，向英廷提出用武力佔據香港。

1839 年（清道光十九年）

3 月 10 日，林則徐奉旨到廣東查禁鴉片。

6 月 3 日，林則徐在虎門銷毀鴉片二萬餘箱。

1840 年（清道光二十年）

4 月，英國國會正式辯論，通過了侵華作戰的軍事預算案。

6 月，英國發動鴉片戰爭（亦稱第一次鴉片戰爭）。

9 月，林則徐被罷官。琦善奉旨赴粵辦理中英交涉。

12 月，義律要求割讓香港、賠償煙價。

1841 年（清道光二十一年）

1 月 21 日，義律宣佈與琦善達成子虛烏有的《穿鼻草約》協議。

1 月 25 日，英軍在香港登陸，次日宣佈佔領香港。

6 月，義律宣佈香港為自由港。

8 月，琦善與義律分別被中英政府撤職，砵甸乍到港接替義律職務。

1842 年（清道光二十二年）

英軍直逼南京，清政府被迫簽定《南京條約》，英國正式佔領香港島。

1843 年（清道光二十三年）

4 月，維多利亞女皇簽署《香港憲章》，正式宣佈香港為英國的殖民地。

6 月，中英《南京條約》在香港換文。砵甸乍就任香港首任總督，宣告香港島為英國殖民地。

1847 年（道光二十七年）

5 月，清政府築建的九龍寨城竣立。

1856 年（清咸豐六年）

10 月，亞羅號事件發生，英軍炮轟廣州，英法聯軍之役爆發。

1858 年（清咸豐八年）

6 月，《天津條約》簽訂。

1860 年（清咸豐十年）

英法聯軍攻佔北京，強迫清政府簽訂《北京條約》，「割讓」九龍。

1861 年（清咸豐十一年）

1 月，港英政府接管新「割讓」的九龍地區。

1898 年（清光緒二十四年）

6 月，中英簽署《展拓香港界址專條》。

1899 年（清光緒二十五年）

3 月，中英簽署《新租界合同》。

4 月，港英當局強行接管新界。

延伸閱讀書目

- 《北區風物志》，香港：北區區議會，1994 年。
- 陳昕、郭志坤主編《香港全紀錄》第一、二卷，香港：中華書局（香港）有限公司，1997－1998 年。
- 陳公哲著《香港指南》，長沙：商務印書館，1938 年；香港：商務印書館（香港）有限公司，2014 年重印本。
- 陳志華、黃家樑著《簡明香港歷史》，香港：明報出版社，1998 年。
- 程美寶、趙雨樂合編《香港史研究論著選輯》，香港：香港公開大學出版社，1999 年。
- 丁又著《香港初期史話》，北京：生活·讀書·新知三聯書店，1958 年。
- 丁新豹著《香港歷史散步》，香港：商務印書館（香港）有限公司，2018 年。
- 丁新豹著《善與人同：與香港同步成長的東華三院》，香港：三聯書店（香港）有限公司，2010 年。
- 鄧開頌、陸曉敏《粵港關係史（1840－1984）》，香港：麒麟書業有限公司，1997 年。
- 方駿、熊賢君主編《香港教育通史》，香港：齡記出版社有限公司，2008 年。
- 高添強編著《香港今昔》，香港：三聯書店（香港）有限公司，1994 年初版，2005 年新版。
- 商志馥著《香港考古論集》，北京：文物出版社，2000 年。
- 胡從經編纂《歷史的迴聲：歷代詩人詠香港》，香港：朝花出版社，1997 年。
- 蔣英豪選註《近代詩人詠香港》，北京：中華書局，1997 年。

- 李培德編《香港史研究書目題解》，香港：三聯書店（香港）有限公司，2020 年。
- 劉智鵬、劉蜀永編著《方志中的古代香港：〈新安縣志〉香港史料選》，香港：三聯書店（香港）有限公司，2020 年。
- 劉智鵬、劉蜀永編著《香港史：從遠古到九七》，香港：香港城市大學出版社，2019 年。
- 李暢友主編《港澳詩選註》，廣州：廣東高等教育出版社，1997 年。
- 魯言（魯金）等著《香港掌故》第一至十三集，香港：廣角鏡出版社，1977 – 1991 年。
- 黎晉偉主編《香港百年史》，香港：南中編譯出版社，1948 年。
- 林友蘭著《香港史話》增訂本，香港：上海印書館，1983 年。
- 劉蜀永主編《簡明香港史》第三版，香港：三聯書店（香港）有限公司，2016 年。
- 羅香林等著《一八四二年前之香港及其對外交通》，香港：中國學社，1959 年。
- 羅香林著《香港與中西文化交流》，香港：中國學社，1961 年。
- 劉潤和著《新界簡史》，香港：三聯書店（香港）有限公司，1999 年。
- 馬金科主編《早期香港史研究資料選輯》上、下冊，香港：三聯書店（香港）有限公司，2019 年。
- 區家發著《粵港考古與發現》，香港：三聯書店（香港）有限公司，2004 年。
- 區志堅、彭淑敏、蔡思行編著《改變香港歷史的六十篇文獻》，香港：中華書局（香港）有限公司，2011 年。
- 全國政協文史和學習委員會香港小組主編《香江歷程》，香港：香港文史出版社，2007 年。
- 邱小金、梁潔玲、鄒兆麟著《百年樹人：香港教育發展》，香港：香港市政局，1993 年。
- 湯開建、蕭國健、陳佳榮主編《香港 6000 年（遠古至一九九七）》，香港：麒麟書業有限公司，1998 年。
- 王賡武主編《香港史新編》上、下冊，香港：三聯書店（香港）有限公司，1997 年。
- 王齊樂著《香港中文教育發展史》，香港：波文書局，1982 年。

· 王國華主編《香港文化發展史》，香港：中華書局（香港）有限公司，2014 年。

· 衛挺生、陳立峰合編《香港歷史》，香港：世界書局，1953 年。

· 香港註冊導遊協會編《香港景觀文化導遊》，香港：知出版，2014 年。

· 宣韋主編《香港文化總覽》，深圳：海天出版社，2001 年。

·《香港離島區風物志》，香港：離島區議會，2007 年。

· 徐邦振編著《香港古蹟圖冊（1－3）》，香港：文星圖書有限公司、觀賢書舍，
  2001－2003 年。

· 許錫揮、陳麗君、朱德新著《香港簡史（1840－1997）》，廣州：廣東人民出版
  社，2015 年。

·《香港文物六千年歷史年代表》，香港：古物古蹟辦事處、香港旅遊協會，1999
  年。

· 蕭國健著《新界五大家族》，香港：現代教育研究社，1990 年。

· 蕭國健著《香港歷史與社會》，香港：香港教育圖書公司，1994 年。

· 蕭國健著《香港前代社會》，香港：中華書局（香港）有限公司，1990 年。

· 蕭國健著《香港歷史與文物》，香港：明報出版社，1997 年。

· 蕭國健著《香港古代史（修訂版）》，香港：中華書局（香港）有限公司，
  2006 年。

· 余繩武、劉存寬主編《十九世紀的香港》，香港：麒麟書業有限公司，1994 年。

· 莊義遜主編《香港事典》，上海：上海科學普及出版社，1994 年。

· 周子峰編著《圖解香港史（遠古至一九四九年）》，香港：中華書局（香港）
  有限公司，2010 年。

· 趙雨樂、鍾寶賢主編《九龍城》，香港：三聯書店（香港）有限公司，2001 年。

· 中國第一歷史檔案館編《香港歷史問題檔案圖錄》，香港：三聯書店（香港）
  有限公司，1996 年。

· 周佳榮、劉詠聰主編《當代香港史學研究》，香港：三聯書店（香港）有限公
  司，1994 年。

· 周佳榮、侯勵英、陳月媚主編《閱讀香港：新時代的文化穿梭》，香港：香港
  教育圖書公司，2007 年。

· 周佳榮主編《香港博物館與文化考察》，香港：香港中國近代史學會，2014 年。

· 周佳榮著《潮流兩岸：近代香港的人和事》，香港：香港中和出版有限公司，2016 年。

· 周佳榮編著《香港紀要：近代文獻著作選》，香港：三聯書店（香港）有限公司，2020 年。

圖片提供

頁 023、024、099 李斌

頁 028 鄧琛

頁 045、052（下）、075 郭志標

頁 052（上）高添強

頁 054、058、066（上）、073、077、118、128、148、149、151 行旅

頁 066（下）、079、082、089、103、129、159、161、163、175 周佳榮

頁 083、085、087 中國第一歷史檔案館

頁 125 陳敬陽

頁 135、147 周家建

策劃編輯　梁偉基

責任編輯　李　斌　　梁偉基

封面設計　吳冠曼

版式設計　陳德峰

書　　　名　簡明香港古代史

著　　　者　周佳榮

出　　　版　三聯書店（香港）有限公司

　　　　　　香港北角英皇道 499 號北角工業大廈 20 樓

　　　　　　Joint Publishing (H. K.) Co., Ltd

　　　　　　20/F, North Point Industrial Building,

　　　　　　499 King's Road, North Point, Hong kong

香港發行　香港聯合書刊物流有限公司

　　　　　　香港新界荃灣德士古道 220-248 號 16 樓

印　　　刷　美雅印刷製本有限公司

　　　　　　香港九龍觀塘榮業街 6 號 4 樓 A 室

版　　　次　2021 年 3 月香港第一版第一次印刷

規　　　格　大 32 開（140 × 210mm）224 面

國際書號　ISBN 978-962-04-4776-1